ARBEITSPAPIERE ZUR INTERNATIONALEN POLITIK

63

KUWAIT-KRISE UND ENERGIESICHERHEIT

Wirtschaftliche Abhängigkeit der USA und des Westens vom Mittleren Osten

Bernhard May

Forschungsinstitut der Deutschen
Gesellschaft für Auswärtige Politik e.V.

Juni 1991

DEUTSCHE GESELLSCHAFT FÜR AUSWÄRTIGE POLITIK E. V., BONN
Adenauerallee 131, Telefon (02 28) 26 75-0

PRÄSIDIUM
GESCHÄFTSFÜHRENDES PRÄSIDIUM

C. PETER HENLE
Präsident

HELMUT SCHMIDT
Stellvertr. Präsident

HANS L. MERKLE
Stellvertr. Präsident

GÜNTHER VAN WELL
Geschäftsführender stellvertr. Präsident

DR. F. WILHELM CHRISTIANS
Schatzmeister

PROF. DR. HANS-PETER SCHWARZ
Vorsitzender des Wissenschaftlichen Direktoriums

DR. WOLFGANG WAGNER
Herausgeber des »Europa-Archiv«

PROF. DR. KARL KAISER
Direktor des Forschungsinstituts

DR. KLAUS VON DOHNANYI – DR. KLAUS GÖTTE – WALTHER LEISLER KIEP
DR. OTTO GRAF LAMBSDORFF – DR. GERHARD LIENER
PROF. DR. RITA SÜSSMUTH – DR. THEODOR WAIGEL - OTTO WOLFF VON AMERONGEN

DEM GESAMTPRÄSIDIUM GEHÖREN AN

PROF. BERTHOLD BEITZ – DR. WOLFGANG BÖTSCH – PROF. DR. HORST EHMKE
BJÖRN ENGHOLM – ULRICH IRMER - PROF. DR. WILHELM KEWENIG
DR. KLAUS LIESEN – HEINZ-WERNER MEYER – ALFRED FREIHERR VON OPPENHEIM
KLAUS PILTZ – DR. WOLFGANG RÖLLER – VOLKER RÜHE
PETER M. SCHMIDHUBER – DR. HANS STERCKEN – DR. MANFRED STOLPE
DR. GERHARD STOLTENBERG – HEINRICH WEISS – DR. PAUL WIEANDT
DR. MARK WÖSSNER – DR. MONIKA WULF-MATHIES – ERNST WUNDERLICH

WISSENSCHAFTLICHES DIREKTORIUM DES FORSCHUNGSINSTITUTS

PROF. DR. HANS-PETER SCHWARZ (VORS.) – PROF. DR. HANS-ADOLF JACOBSEN (STELLVERTR. VORS.)
PROF. DR. GERHARD FELS – PROF. DR. JOCHEN ABR. FROWEIN
PROF. DR. WOLF HÄFELE – PROF. DR. HELGA HAFTENDORN
PROF. DR. THEODOR HANF – PROF. DR. KARL KAISER
PROF. DR. WILHELM KEWENIG – PROF. DR. NORBERT KLOTEN
PROF. DR. KARL JOSEF PARTSCH – PROF. DR. CHRISTIAN TOMUSCHAT

Die Deutsche Gesellschaft für Auswärtige Politik hat nach ihrer Satzung die Aufgabe, die Probleme der internationalen, besonders der europäischen Politik, Sicherheit und Wirtschaft zu erörtern und ihre wissenschaftliche Untersuchung zu fördern, die Dokumentation über diese Forschungsfragen zu sammeln und das Verständnis für internationale Fragen durch Vorträge, Studiengruppen und Veröffentlichungen anzuregen und zu vertiefen. Sie unterhält zu diesem Zweck ein Forschungsinstitut, eine Dokumentationsstelle und die Zeitschrift »EUROPA-ARCHIV – Zeitschrift für Internationale Politik«. Die Deutsche Gesellschaft für Auswärtige Politik bezieht als solche auf Grund ihrer Satzung keine eigene Stellung zu internationalen Problemen. Die in den Veröffentlichungen der Gesellschaft geäußerten Meinungen sind die der Autoren.

© 1991 Europa Union Verlag GmbH, Bonn

Das Werk ist urheberrechtlich geschützt. Die dadurch begründeten Rechte, insbesondere die der Übersetzung, des Nachdrucks, der Funksendung, der Wiedergabe auf photomechanischem oder ähnlichem Wege sowie der Speicherung und Auswertung in Datenverarbeitungsanlagen, bleiben auch bei nur auszugsweiser Verwertung vorbehalten. Werden mit schriftlicher Einwilligung des Verlages einzelne Vervielfältigungsstücke für gewerbliche Zwecke hergestellt, ist an den Verlag die nach § 14 Abs. 2 UG zu zahlende Vergütung zu entrichten, über deren Höhe der Verlag Auskunft gibt.

INHALT

	Seite
TABELLENVERZEICHNIS	III
ABKÜRZUNGSVERZEICHNIS	IV

1.	DER MITTLERE OSTEN ALS PROBLEM DER WIRTSCHAFTLICHEN SICHERHEIT DER USA	1
2.	WIRTSCHAFTLICHE ABHÄNGIGKEIT DER USA VOM MITTLEREN OSTEN: ARABISCHES ÖL ALS DAUERPROBLEM	4
	2.1 Der Mittlere Osten als Wirtschaftsraum: Bevölkerung und Ölvorkommen	4
	2.2 Wirtschaftliche Abhängigkeit und Interdependenzen: Öl als Problem der wirtschaftlichen Sicherheit	7
	2.3 Der Schock der ersten Energiekrise	10
	2.4 Die zweite Energiekrise als Auslöser für den Zusammenbruch des Ölpreises	13
3.	VON DER KONFRONTATION ZUR KOOPERATION? - NEUE ENTWICKLUNGEN IN DEN ACHTZIGER JAHREN	17
	3.1 Politische Krisen im Mittleren Osten als Rahmen	17
	3.1.1 Die Revolution im Iran	18
	3.1.2 Krieg in Afghanistan	20
	3.1.3 Krieg zwischen Irak und Iran	23
	3.1.4 Der arabisch-israelische Konflikt	27
	3.2 Der Zusammenbruch des Ölpreises: Ursachen, Probleme und Auswirkungen	27

3.3		Grundlegende Veränderungen auf dem Welt-Erdölmarkt	31
	3.3.1	Entwicklung von Ölpreisen und Ölförderung	31
	3.3.2	Ölverbrauch und Ölreserven	36
	3.3.3	Ölabhängigkeit der USA	39
3.4		Handelsverflechtung und Finanzen	41
3.5		Petrodollars und Finanzmärkte: Überzogene Angst vor dem arabischen "Öl-Finanzkapital"	45
3.6		Erfahrungen der achtziger Jahre: Von Abhängigkeit zu Interdependenz	49
4.		**KUWAIT-KRISE UND WESTLICHE ENERGIESICHERHEIT**	54
	4.1	Irakische Invasion Kuwaits	54
		4.1.1 Zur Vorgeschichte des irakischen Überfalls	55
		4.1.2 Von der Invasion zum Waffenstillstand	63
	4.2	Konfrontation um Kuwait - weltweite Reaktionen	70
	4.3	Irak als gemeinsamer Feind - Widerstand aus Prinzip?	76
	4.4	Saddam Hussein und das Ölembargo	82
	4.5	Kosten der Kuwait-Krise	89
		4.5.1 Kuwait-Krise und burden-sharing	89
		4.5.2 Ökonomische Belastungen für die Industriestaaten	100
		4.5.3 Ökonomische Belastungen für die Entwicklungsländer	106

4.6	**Lehren aus der Kuwait-Krise: Energiesicherheit als Dauerproblem**	113
	4.6.1 USA: Kuwait-Krise und neue Energiepolitik	113
	4.6.2 Die Rolle der IEA - eine unnütze Organisation?	119
	4.6.3 Eine neue OPEC: Kooperation statt Konfrontation	127
5.	**SCHLUSSBETRACHTUNG: DIE KUWAIT-KRISE ALS PROLOG DER DRITTEN ENERGIEKRISE?**	133
AUTOR		142

TABELLENVERZEICHNIS

Tabelle 1:	Grunddaten der Staaten des Mittleren Ostens	6
Tabelle 2:	Ölpreis in den Jahren 1970 bis 1990 (durchschnittl. Ölpreis in Dollar je Barrel)	33
Tabelle 3:	Globale Erdölförderung in den Jahren 1960 bis 1990 und nach Regionen in Millionen Tonnen	34

ABKÜRZUNGSVERZEICHNIS

ACC	Arab Co-operation Council
APZ	Aus Politik und Zeitgeschichte
ASEAN	Association of Southeast Asian Nations
BSP	Bruttosozialprodukt
CBO	Congressional Budget Office
DDR	Deutsche Demokratische Republik
EA	Europa-Archiv
EG	Europäische Gemeinschaft
FA	Foreign Affairs
FAZ	Frankfurter Allgemeine Zeitung
FEER	Far Eastern Economic Review
FP	Foreign Policy
IBRD	International Bank for Reconstruction and Development (Weltbank)
IEA	Internationale Energie Agentur
IHT	International Herald Tribune, Paris
IISS	International Institute for Strategic Studies, London
IMF	International Monetary Fund
IP	Die Internationale Politik, Jahrbücher der DGAP
KIO	Kuwait Investment Office
LDC	Less Developed Country
LLDC	Least Developed Country
mbd	million barrels per day
NATO	North Atlantic Treaty Organization
NYT	New York Times, New York
NZZ	Neue Zürcher Zeitung, Zürich
OAPEC	Organization of Arab Petroleum Exporting Countries
ODA	Official Development Assistance
OECD	Organization for Economic Cooperation and Development
OPEC	Organization of Petroleum Exporting Countries
PLO	Palestine Liberation Organization
SWP	Stiftung Wissenschaft und Politik, Ebenhausen
SZ	Süddeutsche Zeitung, München
UdSSR	Union der Sozialistischen Sowjetrepubliken
UN	United Nations
UNHCR	UN High Commissioner for Refugees

USA	United States of America
VAE	Vereinigte Arabische Emirate
WP	Washington Post, Washington, D.C.
WSJ	Wall Street Journal, New York

1. DER MITTLERE OSTEN ALS PROBLEM DER WIRTSCHAFT- LICHEN SICHERHEIT DER USA

Mit dem irakischen Überfall auf Kuwait am 2. August 1991 hat Präsident Saddam Hussein auch ein altes Problem wieder in die Schlagzeilen gebracht, das seit Jahren fast in Vergessenheit geraten war: die Abhängigkeit des Westens vom arabischen Öl. Innerhalb weniger Tage erhöhte sich der Ölpreis von 20 auf nahezu 30 US-Dollar. Von New York bis Tokio, von Hongkong bis Frankfurt stürzten die Börsenkurse. Wachstumsprognosen wurden nach unten revidiert. Die Angst vor steigenden Zinsen und höherer Inflation nahm zu. Vor allem für die USA wurde eine ölpreisbedingte Rezessionsgefahr ausgemacht. Die Frage war deshalb: Hatte Saddam Hussein mit der Annexion Kuwaits die dritte Energiekrise ausgelöst?

Der irakische Gewaltstreich gegen das benachbarte Ölscheichtum Kuwait veränderte die "geopolitische Erdölarithmetik im Nahen Osten"[1]. So kontrollierte Saddam Hussein zumindest vorübergehend fast 20 Prozent der globalen Erdölreserven. Nur Saudi-Arabiens Anteil von 25 Prozent war größer. Zwar entfielen bei Ausbruch der Kuwait-Krise auf den Irak und Kuwait zusammen nur etwa sieben Prozent der weltweiten Erdölproduktion, dennoch hat Saddam Hussein buchstäblich über Nacht das Problem der Erdölabhängigkeit der westlichen Industriestaaten von Öllieferungen aus dem Mittleren Osten wieder auf die Tagesordnung der Weltpolitik gesetzt. Es ging nicht nur um höhere Ölpreise und deren Auswirkungen auf die Volkswirtschaften; diesmal stand vielmehr der potentielle politische Einfluß eines Diktators zur Diskussionn, der - so eine lesart - dabei war, sich ein Ölmonopol aufzubauen. Die Gefahren einer solchen Entwicklung für die westlichen Industriestaaten waren offensichtlich.

Die Industriestaaten waren aufgrund der Erfahrungen aus den beiden Energiekrisen in den siebziger Jahren vorgewarnt. Ein aggressives, auf Konfrontation ausgerichtetes Ölmonopol, die OPEC, hat ihnen zwei externe Ölschocks mit enormen ökonomischen Belastungen aufgebürdet.

---

[1] So die Neue Zürcher Zeitung: Neue Erdölarithmetik im Nahen Osten, in: NZZ, 12./13.8.1990.

Auch heute stellt die Ölversorgung aus dem Mittleren Osten immer noch die Achilles-Ferse der Energiesicherheit der westlichen Industriestaaten dar. Auf der anderen Seite zeigten die Entwicklungen in den vergangenen fünfzehn Jahren, daß zumindest einige der in den siebziger Jahren als realistisch angesehenen Szenarien im Hinblick auf die Abhängigkeit des Westens vom Mittleren Osten überzogen waren. So sind die OECD-Staaten mit der Vervielfachung des Ölpreises viel besser zurecht gekommen als im Jahre 1974 zu erwarten war. Ferner haben die OPEC-Staaten ihren innerhalb weniger Jahre erwirtschafteten gewaltigen Kapitalreichtum nicht als politische Waffe eingesetzt.

In diese Phase der energie- und insbesondere ölpolitischen Beruhigung seit Mitte der achtziger Jahre fiel die Kuwait-Krise. Die Öllethargie der Industriestaaten wurde jäh unterbrochen. Altbekannte und längst überwunden geglaubte Gefahren im Hinblick auf ihre Energiesicherheit erlangten erneut höchste politische Priorität. So verurteilte Präsident Bush bei der Bekanntgabe des amerikanischen Embargos gegen den Irak am 2. August 1991 die irakische Invasion als "an act of aggression and a flagrant violation of international law". Und zu den Gefahren der Kuwait-Krise für die Vereinigten Staaten stellte er fest: "It constitutes an unusual and extraordinary threat to the national security, foreign policy, and economy of the United States."[2]

Die vorliegende Untersuchung hat zum Ziel, die wirtschaftliche Abhängigkeit der OECD-Staaten, insbesondere der Vereinigten Staaten von Amerika, vom Mittleren Osten zu analysieren und dabei vor allem auf die Ölabhängigkeit der westlichen Verbraucherstaaten einzugehen. Die Studie umfaßt den Zeitraum seit der ersten Energiekrise 1973/74. Nach grundsätzlichen Ausführungen zum Wirtschaftsraum Mittlerer Osten und zur Problematik der wirtschaftlichen Abhängigkeit, werden im zweiten Kapitel die beiden Energiekrisen der siebziger Jahre untersucht.

Im dritten Kapitel werden die achtziger Jahre behandelt: Die politischen Krisen im Mittleren Osten werden skizziert; der Zusammenbruch des Ölpreises Mitte der achtziger Jahre - von Daniel Yergin als dritte Energiekrise bezeichnet - wird ebenso wie die grundlegenden Veränderungen

---

[2] President's message to Congress; abgedruckt in: U.S. Policy Information and Texts, Nr.103 vom 6. August 1990, S. 19 f.

auf dem Welt-Erdölmarkt analysiert; schließlich wird auf Handelsverflechtung und Petrodollars eingegangen.

Die politischen und ökonomischen Probleme der Kuwait-Krise für die westlichen Industriestaaten stehen im Mittelpunkt des vierten Kapitels. Im einzelnen wird auf die Vorgeschichte und den Verlauf der irakischen Invasion Kuwaits sowie auf die weltweiten Reaktionen und deren Rechtfertigungen eingegangen, es werden die Auswirkungen des Ölembargos untersucht und die Kosten der Kuwait-Krise analysiert. Abschließend werden einige Lehren aus der Kuwait-Krise gezogen. In der Schlußbetrachtung wird auf die wahrscheinlichen Entwicklungen in den neunziger Jahren im Hinblick auf die Ölabhängigkeit der westlichen Industriestaaten vom Mittleren Osten eingegangen und vor den Gefahren einer dritten Energiekrise gewarnt.

Die Problematik der Ölabhängigkeit der westlichen Industriestaaten vom Mittleren Osten kann weder mit ökonomischen noch mit politischen Kriterien alleine umfassend untersucht werden; hierfür sind ökonomische und politische Analysen erforderlich. So schreibt Robert Lieber zum Problem der Ölabhängigkeit: "In reality, oil can be understood most effectively through integrating insights from both economics and politics. Without this synthesis, as Robert Gilpin has noted, political scientists tend to overlook the role of markets, while economists often neglect the importance of power and the political context of events."[3]

Ferner gilt auch für diese Untersuchung Joan Robinsons Feststellung: "There is no such thing as a 'purely economic' problem that can be settled by purely economic logic; political interests and political prejudice are involved in every discussion of actual questions."[4]

---

[3] Robert J. Lieber, Iraq and the World oil market: oil and power in the aftermath of the Gulf War (paper presented at the University of Haifa Conference on Iraq under the Bath, May 26-29, 1991), S. 3.

[4] Joan Robinson, What are the questions?, in: Journal of economic Literature, Vol.15 (1977), S. 1318-1339, hier: S. 1318.

2. WIRTSCHAFTLICHE ABHÄNGIGKEIT DER USA VOM MITTLEREN OSTEN: ARABISCHES ÖL ALS DAUERPROBLEM

Probleme mit der Ölabhängigkeit der westlichen Industriestaaten von der Golfregion sind nicht neu. So haben nur wenige Ereignisse der vergangenen zwei Jahrzehnte die wirtschaftliche und politische Lage so grundlegend verändert wie der rapide Anstieg des Ölpreises in den Jahren 1973-74 und erneut in 1979-80. Der massive Transfer von ökonomischen Ressourcen von zumeist Erdöl konsumierenden westlichen Industriestaaten (einschließlich Japan) an Öl produzierende Staaten, vor allem an arabische OPEC-Mitglieder (OAPEC), hat damals in vielen Ländern Befürchtungen geweckt, Maßnahmen dieser ölreichen Staaten könnten die Welt-Finanzmärkte in Gefahr bringen und könnten Ölmärkte und Energieversorgung zunehmend unsicherer machen; schließlich wurde befürchtet, daß die eingetretene Verlagerung politischer Macht zugunsten der Golf-Staaten die internationalen Spannungen verschärfen und neue Konflikte hervorbringen könnte. Es kam dann doch ganz anders.

2.1 Der Mittlere Osten als Wirtschaftsraum: Bevölkerung und Ölvorkommen

Unter dem Begriff "Mittlerer Osten" werden im folgenden die Staaten rings um den Arabischen Golf zusammengefaßt, also Iran, Irak, Kuwait, Saudi-Arabien, Katar, Bahrain, Vereinigte Arabische Emirate (VAE) und Oman.[1] Beim so definierten Mittleren Osten handelt es sich um energiereiche, meist jedoch bevölkerungsarme Staaten.

---

[1] Siehe hierzu ausführlicher: Fred Scholz, Der Mittlere Osten. Ein wirtschafts- und sozialgeographischer Überblick, in: Brennpunkt Mittel-Ost, Redaktion: Hans-Georg Wehling, Stuttgart u.a. 1981, S. 9-32. In der umfangreichen Literatur zum Nahen und Mittleren Osten gibt es keine einheitliche Definition und Abgrenzung dieser Region. So faßt das "Politititsche Lexikon Nahost", hrsg. von Udo Steinbach u.a., München 1979, alle Länder von Mauretanien im Westen bis Pakistan im Osten als "Naher Osten" zusammen, während im bereits erwähnten "Brennpunkt Mittel-Ost" von Hans-Georg Wehling die Golfregion als "Mittlerer Osten" bezeichnet wird; und Meyers Enzyklopädisches Lexikon, Mannheim 1981, listet unter dem Stichwort "Mittlerer Osten" folgende Staaten auf: Afghanistan, Pakistan, Indien, Nepal, Bhutan, Bangladesch und Sri Lanka.

Diese Region ist umgeben von armen, aber überwiegend bevölkerungsreichen Staaten, die wenig oder kein Erdöl besitzen; diese Länder werden auch als "Mittlerer Osten im weiteren Sinne" bezeichnet. Hierzu zählen Ägypten, Jordanien, Syrien, Türkei, Afghanistan, Pakistan und Jemen. Bevölkerungsgröße und Ölvorkommen sind die beiden Elemente, die einen strukturellen Konflikt zwischen den Staaten des Mittleren Ostens und seinen Nachbarstaaten entstehen lassen.

Der Mittlere Osten ist als Wirtschaftsraum für die westlichen Industriestaaten von großem Interesse, weil es eine Ölregion ist. Nur das Erdöl unterscheidet diese Region von anderen. Es sind die Erdölvorkommen in den Golfstaaten, die für die Ölverbraucher von Bedeutung sind. Und es sind die Öleinnahmen, die aus jenen Staaten zahlungskräftige Kunden und finanzschwere Akteure auf den internationalen Kapitalmärkten macht.

Dabei gilt es jedoch die bestehenden großen Unterschiede zwischen den einzelnen Staaten zu berücksichtigen. In der nachfolgenden Tabelle 1 sind die Grunddaten der Staaten des Mittleren Ostens sowie der Nachbarstaaten im Hinblick auf Fläche, Bevölkerung, Bevölkerungsdichte und Bruttosozialprodukt pro Kopf aufgeführt. Aus der Tabelle ist zu entnehmen, daß das Gebiet des Mittleren Ostens zwar eine Fläche von 4,6 Mio. qkm umfaßt und damit halb so groß wie die USA, aber doppelt so groß wie die Europäische Gemeinschaft ist, doch die Region wird sowohl bei der Fläche als auch bei der Bevölkerungsgröße von Saudi-Arabien, Iran und dem Irak dominiert. In den Staaten des Mittleren Ostens leben zusammen etwa 98 Millionen Menschen, davon alleine mehr als 55 Millionen im Iran.

In den Nachbarstaaten leben auf einer annähernd gleichgroßen Fläche mit 266 Millionen Menschen fast dreimal so viele wie im Mittleren Osten. Bei der Region "Mittlerer Osten im weiteren Sinne" handelt es sich vor allem um bevölkerungsreiche und ölarme Staaten. Ein Vergleich mit den Vereinigten Staaten und der Europäischen Gemeinschaft läßt noch deutlicher erkennen, daß der Mittlere Osten ein riesiger geographischer Raum mit nur wenigen Menschen ist. Bei diesen Vergleichen gilt es jedoch die geographischen und klimatischen Besonderheiten des Mittleren Ostens zu berücksichtigen: Der Mittlerer Osten besteht

Tabelle 1: Grunddaten der Staaten des Mittleren Ostens

Staaten	Fläche in Tsd qkm	Bevölkerung in Mio.[1]	Einwohner je qkm	BSP/Kopf in US-$[2]
Kuwait	18	2,1	116	10.410
VAE	84	2,3	27	11.900
Katar	11	0,5	45	27.000
Saudi-Arabien	2149	16,8	8	4.178
Bahrain	0,7	0,5	714	9.994
Oman	212	1,3	6	5.747
Iran	1648	55,6	34	1.667
Irak	438	18,8	43	1.950
GESAMT:	4646	97,9	21	-
angrenzende Staaten:				
Türkei	779	56,5	72	1.160
Syrien	185	12,5	68	1.363
Jordanien	89	3,1	35	1.403
Ägypten	1001	54,1	54	490
Jemen	528	11,1	21	410
Afghanistan	652	15,5	23	220
Pakistan	796	113,2	142	360
GESAMT:	4045	266,0	66	-
USA	9373	250,3	26	16.444
Japan	372	123,8	327	15.030
Deutschland	357	78,6	220	16.810
EG	2261	335,4	148	13.850

Anm. [1] Vorläufige Angaben für 1990;
Anm. [2] Angaben für das Jahr 1988.

Quelle: Zusammengestellt aus: Weltbank, Weltentwicklungsbericht 1990, Washington, D.C. 1990; und: eurostat, Statistische Grundzahlen der Gemeinschaft, Brüssel 1990; und: The World Almanac 1991, New York 1990.

überwiegend aus Wüsten und Steppen. Eine gewisse Ausnahme machen nur der Irak mit seiner uralten Kulturlandschaft an Euphrat und Tigris sowie der Iran mit dem iranischen Hochland. In beiden Gebieten gibt es ausreichend Niederschläge, so daß ein sogenannter Regenfeldanbau möglich ist.

Während der Mittlere Osten einerseits von der Natur benachteiligt wurde, hat die Natur andererseits diese Region mit einem unermeßlichen Öl- und Gasvorkommen ausgestattet. Es ist dieser Ölreichtum, der diesen Ländern ein hohes Bruttosozialprodukt pro Kopf beschert. Im Falle Kuwaits und der VAE liegt dieses mit an der Spitze in der Welt. Der Übergang von äußerster Armut zu größtem Reichtum hat sich im Mittleren Osten innerhalb weniger Jahrzehnte vollzogen. Mit Ausnahme von Oman und Katar können sich die Staaten des Mittleren Ostens darauf verlassen, daß ihre Ölquellen noch über Jahrzehnte hinweg sprudeln und damit ihr Einkommen sichern werden.[2]

2.2 Wirtschaftliche Abhängigkeit und Interdependenzen: Öl als Problem der wirtschaftlichen Sicherheit

Die erste Energiekrise im Jahre 1973 ließ in aller Deutlichkeit die wirtschaftliche Abhängigkeit der westlichen Industriestaaten von der Ölversorgung aus dem Mittleren Osten sichtbar werden. Es zeigte sich auch, daß sich "die traditionelle Welt der 'Realpolitik' mit ihrem Primat nationalstaatlicher Souveränität und militärischer Macht als den ausschlaggebenden Quellen internationaler Ordnung, ihrer eindeutigen Hierarchie von Interessen und ihrer Dominanz des Sicherheitsdilemmas ... in eine Welt 'komplexer Interdependenz' verwandelt" hatte.[3] Damit ließ die Ölkrise des Jahres 1973 auch die wachsende Kraft eines neuen Spannungsfeldes in den internationalen Beziehungen erkennen, und zwar zwischen

---

[2] Auf die Ölreserven wird ausführlicher in Kap. 3, Abschnitt 3.3 eingegangen.

[3] Hanns W. Maull, Wirtschaftliche Dimensionen der Sicherheit, in: EA 5/1989, S. 135-144, hier: S. 135. Der Begriff "komplexe Interdependenz" wurde von Robert O. Keohane und Joseph S. Nye geprägt: Vgl. dies., Power und Interdependenz, Boston 1977.

nationaler Souveränität und globalen Märkten, also zwischen dem Territorialstaat und dem Handelsstaat.[4]

Mit diesen weltpolitischen Veränderungen ergab sich die Notwendigkeit, die alten Konzepte, Denkmuster und Begriffe zu überprüfen. So konnte ein Sicherheitsbegriff, der nur militärische Aspekte umfaßte, nicht länger genügen, weil neue Dimensionen hinzukamen und militärische Macht an Bedeutung verlor.[5] Die neuen Gefahren waren ökonomischer Art. Dementsprechend wurde der Sicherheitsbegriff um eine wirtschaftliche Dimension erweitert.[6] Wolfgang Hager hat die Bedrohung wirtschaftlicher Sicherheit definiert als "Veränderung der außenwirtschaftlichen Parameter, die einen Zusammenbruch des sozialen und politischen Systems bewirkt."[7]

Bei den Problemen der wirtschaftlichen Sicherheit gilt es zu unterscheiden zwischen Abhängigkeit und Verwundbarkeit. Nur wenn die Verwundbarkeit eines Staates aufgrund seiner Abhängigkeit von anderen Staaten ein beachtliches Ausmaß erreicht hat, wird daraus eine Bedrohung der wirtschaftlichen Sicherheit. Und nicht jede Abhängigkeit führt zu einer Verwundbarkeit. Dies hängt unter anderem vom Produkt bzw. Rohstoff, von den Lieferanten oder der Bedeutung dieses Rohstoffes für die Wirtschaft des Landes und vom Risiko einer Unterbrechung ab.

So bedeutet die 100prozentige Abhängigkeit beim Bananenimport von einem unsicheren Lieferland keine Gefährdung der wirtschaftlichen Sicherheit, während eine ähnliche Situation bei der Ölabhängigkeit sehr wohl eine hohe Verwundbarkeit und damit wirtschaftliche Sicherheitsprobleme mit sich bringt, weil Öl ein wichtiger Rohstoff für die Wirt-

---

[4] Zum Begriff "Handelsstaat" siehe: Richard Rosecrance, The Rise of the Trading State, New York 1986 (deutsch: Der neue Handelsstaat. Herausforderungen für Politik und Wirtschaft, Frankfurt 1987).

[5] Zur Entwicklung des Sicherheitsbegriffs siehe: Gert Krell, Die Entwicklung des Sicherheitsbegriffs. Ein Beitrag zur Strategiediskussion, in: Beiträge zur Konfliktforschung, 3/1980, S. 33-58.

[6] Das Konzept kollektiver wirtschaftlicher Sicherheit wurde von Joseph Nye skizziert und von Nye/Keohane ausführlich entwickelt. Siehe: Joseph S. Nye und Robert O. Keohane, Power and Interdependence, Boston 1977.

[7] Wolfgang Hager, Wirtschaftliche Sicherheit, in: Karl Kaiser und K.M. Kreis (Hrsg.), Sicherheitspolitik vor neuen Aufgaben, Frankfurt 1977, S. 374-389, hier: S. 375.

schaft der Industrieländer ist, ein Rohstoff, der in wichtigen Teilbereichen nicht ersetzt werden kann und zudem ein Rohstoff, der nur begrenzt vorhanden ist.

Abhängigkeit ist demnach nur eine notwendige, aber keine hinreichende Vorbedingung für Verwundbarkeit. Einfuhrabhängigkeit muß keineswegs schon Verwundbarkeit bedeuten - so beim erwähnten Bananenbeispiel; andererseits kann Verwundbarkeit auch ohne direkte Einfuhrabhängigkeit bestehen - so zum Beispiel bei einer geringen Ölabhängigkeit, weil es aufgrund der Fungibilität des Erdöls nur einen Welt-Ölmarkt gibt. Deshalb nimmt Hanns Maull in seiner Definition der wirtschaftlichen Sicherheit eine klare Unterscheidung zwischen Abhängigkeit und Verwundbarkeit vor: "Die wirtschaftliche Sicherheit eines Staates kann durch Rohstoff-Versorgungsstörungen als bedroht angesehen werden, wenn einerseits plausible Risiken einer Versorgungsstörung von erheblichen Ausmaßen vorliegen, andererseits die zu erwartenden Anpassungskosten aufgrund begrenzter Anpassungsflexibilitäten des entsprechenden Rohstoffmarktes die kritische Schwelle erheblicher gesamtwirtschaftlicher Kosten überschreiten würden."[8]

Kann die Abhängigkeit als Voraussetzung für die Verwundbarkeit nicht vermindert werden, dann bleibt die Möglichkeit, über verstärkte gegenseitige Abhängigkeit, also ein System von Interdependenzen, die Gefahr für die wirtschaftliche Sicherheit zu vermindern, da somit das Risiko einer Lieferunterbrechung bei einem wichtigen Produkt bzw. Rohstoff reduziert werden kann. Der Ausbau von Interdependenzen bringt damit ein Mehr an Sicherheit. Dabei kann es sich auch um ein Geflecht ökonomischer, militärischer und politischer Interdependenzen handeln.

Diese Problematik trifft im besonderen auf die gesicherte Versorgung der Industriestaaten mit Energie, speziell mit Erdöl aus der Golfregion zu. Dementsprechend definiert Daniel Yergin als Zielsetzung für eine Energiesicherheit: "The objective of energy security is to assure adequate, re-

---

[8] Hanns W. Maull, Strategische Rohstoffe. Risiken für die wirtschaftliche Sicherheit des Westens, München 1988, S. 26.

liable supplies of energy at reasonable prices and in ways that do not jeopardize major national values and objectives."[9]

2.3 Der Schock der ersten Energiekrise

Im Herbst 1973 gelang es den OPEC-Staaten,[10] die "Gunst der Stunde" - nämlich die Zeit des Krieges mit Israel - zu nutzen und mit Hilfe eines Ölembargos gegen westliche Staaten einen höheren Preis für Erdöl durchzusetzen. Die Kombination einer zumindest vorübergehenden Ölverknappung verbunden mit einer Vervielfachung des Ölpreises löste in den westlichen Industriestaaten einen "Ölschock" aus.[11] In mehreren, kurz aufeinander folgenden Preisrunden setzten die OPEC-Staaten den Ölpreis von 1,83 Dollar pro Barrel im Juni 1973 über 2,89 Dollar im Januar 1974 auf 11,65 Dollar im Juni 1974 hoch - eine mehr als Versechsfachung des Ölpreises in nur einem Jahr.

Bei der ersten Energiekrise gilt es zu unterscheiden zwischen einerseits der Mengenkrise aufgrund des verringerten Ölangebots bei erhöhter Nachfrage (wegen Panikkäufen und Aufstockung der Läger in manchen

---

[9] Daniel Yergin, Energy Security in the 1990s, in: FA, Fall 1988, S. 110-132, hier: S. 110.

[10] Die Verärgerung über fallende Ölpreise Ende der fünfziger Jahre und den damit verbundenen Einkommensverlusten brachte die Öl-Länder zusammen und ließ sie im Jahre 1960 die "Organization of Petroleum Exporting Countries" (OPEC) gründen. Zu beginn gab es nur fünf Mitglieder: Saudi-Arabien, Kuwait, Iran, Irak und Venezuela. Später traten bei: Katar in 1961, Indonesien und Libyen in 1962, die VAE 1967, Algerien in 1969, Nigeria in 1971, Ecuador in 1973 und Gabun im Jahre 1975. Als Zielsetzung der OPEC wurde festgelegt, die Erdölpolitiken der Mitgliedstaaten zu koordinieren und zu vereinheitlichen, um vor allem die Rohöleinnahmen zu stabilisieren. Zur OPEC siehe ausführlich: R.E. Mallak (Hrsg.), OPEC: Twenty Years and Beyond, Boulder 1982. Die OPEC wurde im Herbst 1990 dreißig Jahre alt - zu einer Zeit, als die Ölpreise als Folge der Kuwait-Krise ein Rekordniveau erreichten und die Welt eine dritte Energiekrise befürchtete.

Verbraucherländern); andererseits kam es gleichzeitig zu einer Preiskrise aufgrund der Vervielfachung des Ölpreises. Obwohl die Verbraucherländer von den OAPEC-Staaten[12] in "befreundete" (Frankreich, Großbritannien, Spanien und Belgien), in "feindliche" (USA und die Niederlande) und in "neutrale" (Bundesrepublik und übrige westeuropäische Länder) Staaten aufgeteilt wurden und dementsprechend vom Ölembargo unterschiedlich betroffen waren,[13] so hat sie doch alle die Preiskrise erfaßt, da die Verknappung den Preis auf dem internationalen Ölmarkt ansteigen ließ und eine Abkopplung des nationalen vom internationalen Ölmarkt nicht möglich ist. Mengen- und Preiskrise haben sich deshalb weltweit auf Produzenten- und Verbraucherstaaten ausgewirkt, und zwar unabhängig von deren wirtschaftlicher Situation. So haben reiche wie arme Erdölländer ihre Öleinnahmen wesentlich erhöhen können; andererseits mußten auch die armen Verbraucherstaaten, etwa die vielen Entwicklungsländer, denselben Ölpreis bezahlen. Es kam deshalb auch zu einem Ressourcentransfer von armen Entwicklungsländern zu reichen Erdölstaaten.

---

[11] Es waren nur 70 Jahre vergangen seit dem Beginn des Ölzeitalters für die Region des Mittleren Ostens: Im Jahre 1901 erhielt der Kanadier William Knox d'Arcy vom Schah von Persien die Konzession für die Ölsuche, und am 26. Mai 1908 fand der Kanadier das ergiebigste persische Ölfeld. Die Suche ging nun verstärkt weiter und erstreckte sich auf die ganze Region. Bis zum Jahre 1938 waren alle potentiellen Erdöl-Lagerstätten des Mittleren Ostens vergeben. Erdöl hat jedoch nicht nur die Ölländer, Erdöl hat das ganze Jahrhundert geprägt; Daniel Yergin nennt es das 'Ölzeitalter'. Siehe hierzu die voluminöse Analyse der Geschichte des Erdöls von: Daniel Yergin, The Prize. The epic quest for oil, money and power, New York 1991. Yergin beendet sein Buch mit der Feststellung: "Ours truly remains the age of oil." (S. 781)

[12] Im Jahre 1968 gründeten Saudi-Arabien, Kuwait und Libyen die "Organization of Arab Petroleum Exporting Countries" (OAPEC) mit dem Ziel, die Ölwaffe im israelisch-arabischen Konflikt effektiver einzusetzen. Der Fehlschlag des OPEC-Ölembargos gegen die USA, Großbritannien und die Bundesrepublik im Juni-Krieg 1967 war der Anstoß zur Gründung der OAPEC. Algerien, Bahrein, Katar und die VAE wurden 1970 Mitglieder der OAPEC und Irak, Ägypten sowie Syrien im Jahre 1972.

[13] Am 17. Oktober 1973 beschlossen die OAPEC-Staaten, ihre Ölförderung um fünf Prozent pro Monat zu drosseln, und zwar so lange, bis Israel sich von den 1967 besetzten Gebieten zurückziehen würde. Drei Wochen später hat die OAPEC zur monatlichen Kürzung eine weitere 25prozentige Drosselung der Ölförderung sowie eine totale Liefersperre für die Vereinigten Staaten und die Niederlande beschlossen. Diese Maßnahmen wurden bis zum März 1974 angewendet. Erst dann haben die arabischen Staaten das Ölembargo aufgehoben, nachdem der amerikanische Außenminister Henry Kissinger ein Truppenentflechtungsabkommen zwischen Israel und Ägypten vermittelt hatte. Siehe hierzu ausführlich: Raymond Vernon (Hrsg.), The Oil Crisis, New York 1976.

Mit der ersten Energiekrise kam es einerseits zu einer internationalen Machtverschiebung zugunsten von OPEC und insbesondere OAPEC, andererseits zu einem gewaltigen Ressourcentransfer von den Ölnachfragern zu den Erdöl produzierenden Ländern. So stiegen die Ölexporterlöse der OPEC-Staaten auf 90 Milliarden Dollar im Jahre 1974 an, während es im Jahre 1970 noch bescheidene sieben Milliarden Dollar waren.

Auf der anderen Seite führte die Ölpreiswelle und der damit bewirkte Abfluß von Ressourcen zugunsten der OPEC-Staaten in den Ölverbraucherländern zu wirtschaftlichen Problemen von einer neuen Quantität und Qualität. Für das teurere Erdöl mußten zusätzlich zwei Prozentpunkte des Bruttosozialproduktes der Industriestaaten aufgewendet werden. Dies führte zu Wachstumsverlusten, höherer Inflation und zusätzlicher Arbeitslosigkeit. So stieg in den OECD-Staaten die durchschnittliche Inflationsrate von fünf auf 13 Prozent, während sich die Arbeitslosenquote von 3,5 auf 5,5 Prozent erhöhte.[14]

Diese Milliardenbeträge, die von den Industriestaaten für die höheren Ölrechnungen aufgebracht wurden, flossen an nur wenige Staaten, die OPEC-Länder, und machten sie in kurzer Zeit zu kapitalreichen Staaten. In den Jahren 1974 und 1975 haben manche Beobachter den neuen Reichtum der OPEC-Staaten für die siebziger Jahre hochgerechnet und als Schreckgespenst die Möglichkeit an die Wand gemalt, die Öleinnahmen der OPEC-Staaten bis Ende der siebziger Jahre würden ausreichen, die gesamte Wirtschaft der Bundesrepublik aufzukaufen. Dabei wurde vergessen, den Öl-Ländern ebenfalls ein ökonomisches Denken zuzubilligen. Denn es machte für die meisten OPEC-Staaten keinen Sinn, die heimische Nachfrage nach Gütern, Dienstleistungen und Investitionen zugunsten von Finanzinvestitionen in westlichen Industrieländern zu vernachlässigen.

Ganz im Gegenteil: Der neue Reichtum wurde oftmals zu einer ungeahnten Ausweitung der Einfuhren verwendet mit dem Ziel, die Versorgung der Bevölkerung zu verbessern und die Entwicklung des Landes zu beschleunigen. Die Absorptionsfähigkeit der OPEC-Staaten war wesentlich größer als erwartet. Der sprunghafte Anstieg der Exporte führte dazu,

---

[14] Vgl.: Charles A. Kupchan, The Persian Gulf and the West. The Dilemmas of Security, Boston 1987, S. 46.

daß die Leistungsbilanzdefizite der westlichen Industrieländer mit den Staaten des Mittleren Ostens abgebaut und sogar wieder Überschüsse erzielt werden konnten. So haben sich im Falle der Bundesrepublik zwar die Erdöleinfuhren aus dem Mittleren Osten von vier auf über zwölf Milliarden DM verdreifacht, aber in diesen Jahren (1973-1978) haben sich die westdeutschen Ausfuhren in diese Region fast verfünffacht, so daß die Bundesrepublik im Jahre 1978 mit 6,7 Milliarden DM einen Rekordüberschuß beim Handel erzielen konnte.

Die erste Energiekrise wurde im Oktober 1973 durch den Beschluß der OAPEC-Staaten ausgelöst, solange die Ölförderung zu drosseln, bis sich Israel von den 1967 besetzten Gebieten zurückziehen würde. Dieses Ziel konnte nicht erreicht werden. Aber dennoch kann Richard Rosecrance zugestimmt werden, der feststellt: "Langfristig gesehen waren die Ölkrise und das Embargo von 1973-1974 wahrscheinlich wichtiger als die Schlachten des arabisch-israelischen Krieges."[15]

2.4 Die zweite Energiekrise als Auslöser für den Zusammenbruch des Ölpreises

Trotz der Vervielfachung des Ölpreises im Rahmen der ersten Energiekrise und der damit bewirkten grundlegenden Veränderungen auf den Ölmärkten nahm die Nachfrage der Industrieländer in den folgenden Jahren nicht so nachhaltig ab, um die OPEC-Staaten vor einer weiteren Ölpreiswelle abzuhalten. Im Zusammenhang mit der Revolution im Iran in den Jahren 1978 bis 1981 kam es zu Ausfällen bei den iranischen Öllieferungen und damit zu einer Verknappung des Ölangebots. Die OPEC nutzte diese neue Möglichkeit und erhöhte den Ölpreis von 14,54 Dollar je Barrel im April 1979 auf 28 Dollar im April 1980. Im November 1981 versuchte die OPEC sogar, einen noch höheren Preis von 34 Dollar je Barrel durchzusetzen.

Bei der Erklärung der zweiten Energiekrise gilt es sowohl Entwicklungen seit Mitte der siebziger Jahre als auch die krisenhafte Zuspitzung in den Jahren 1979/80 zu berücksichtigen. So haben verschiedene Entwicklungen seit 1975 darauf hingewirkt, daß sich die politische Situation im Nahen

---

[15] Richard Rosecrance, Der neue Handelsstaat, a.a.O., S. 21.

und Mittleren Osten, aber auch die Lage auf den Ölmärkten entspannte: die realen Ölpreise fielen seit 1975; Saudi-Arabien wurde zum bestimmenden Land innerhalb der OPEC und verfolgte eine ausgleichende, auf Stabilität abzielende Ölpreis-Politik; der Schah machte den Iran mit Unterstützung der Vereinigten Staaten zu einer regionalen Militärmacht und setzte sich für Stabilität in der Golfregion ein; schließlich kam es nach intensiven Bemühungen des amerikanischen Präsidenten Jimmy Carter im September 1978 zur Unterzeichnung der beiden Rahmenabkommen von Camp David, in denen sich Ägypten und Israel zum Abschluß eines Friedensvertrages verpflichteten.[16]

Im Laufe des Jahres 1979 änderte sich diese relativ stabile Lange grundlegend: Drei neue Krisen führten der Welt das politisch-militärische Explosionspotential dieser Region vor Augen.[17] Das eine war die Besetzung der amerikanischen Botschaft in Teheran am 4. November 1979 mit der sich anschließenden Geisel-Krise, die bis zum 20. Januar 1981 andauerte. Das zweite Ereignis hatte nicht mindere Auswirkungen: Die sowjetische Invasion in Afghanistan Ende Dezember 1979 weckte Befürchtungen, der Mittlere Osten könne zum Schauplatz einer unmittelbaren Konfrontation zwischen den beiden Supermächten werden.[18] Schließlich war es der irakische Präsident Saddam Hussein, der im September 1980 den Grenz- und Gutnachbarschaftsvertrag mit dem Iran kündigte und die irakischen Truppen in einem Blitzkrieg den Iran überfallen ließ. Der irakisch-iranische Krieg war der blutigste, den die Region Mittlerer Osten je erlebt hat. Erst Mitte 1988 haben sich die beiden Länder auf einen Waffenstillstand geeinigt. Zwei Wochen nach der Invasion Kuwaits machte Saddam Hussein Mitte August 1990 dem Iran ein Versöhnungsangebot zur Regelung aller Streitfragen, die bislang einem Friedensabkommen entgegenstanden.[19]

---

[16] Siehe hierzu: Christian Hacke, Lösungsansätze im Nahost-Konflikt: Der Friedensprozeß von Camp David, in: IP 1977-1978, München 1982, S. 81-102.

[17] Auf diese Krisen wird im 3.Kapitel ausführlicher eingegangen.

[18] Die sowjetischen Truppen haben nach einem langwierigen und verlustreichen Aufenthalt erst Anfang 1989 Afghanistan wieder verlassen.

[19] Vgl.: Iraq Bows to Iran's Peace Demands, Freeing Army for Crisis Over Kuwait, in: IHT, 16.8.1990; und: Versöhnungsangebot Bagdads an Teheran, in: NZZ, 17.8.1990; und: Iran beharrt auf Rückzug des Iraks aus Kuwait, in: NZZ, 18.8.1990.

Diese Entwicklungen gilt es im Zusammenhang zu sehen, um Ausmaß und Wirkung der zweiten Energiekrise verstehen zu können. Hinzu kam noch eine relative Schwächung Saudi-Arabiens innerhalb der OPEC-Staaten sowie der Zusammenbruch des Camp-David-Prozesses und damit das - zumindest vorübergehende - Ende für alle Hoffnungen auf eine friedliche Lösung des Nahost-Konfliktes.

Zwar wurde der Keim für die zweite Energiekrise bereits Mitte der siebziger Jahre gelegt,[20] doch war es die Kombination der politischen Krisen des Jahres 1979 verbunden mit der Verärgerung der OPEC-Staaten über den seit Jahren sinkenden realen Ölpreis aufgrund des Verfalls des Dollars (damit wurde auch das in Dollar angelegte Geldvermögen der OPEC-Staaten entwertet), die den zweiten Ölschock auslöste.

Auch die zweite Energiekrise führte zu einer enormen Belastung für die Industriestaaten und zu einem gewaltigen Vermögenstransfer zugunsten der OPEC-Staaten: Die Ölexporterlöse der OPEC-Staaten, die bereits im Jahre 1974 auf 90 Milliarden Dollar (1970 waren es sieben Milliarden Dollar) hochschnellten, erreichten 1980 mit 282 Milliarden Dollar ein Rekordniveau. Die OECD hat für die beiden Jahre 1980 und 1981 die Kosten der zweiten Energiekrise auf insgesamt etwa 1000 Milliarden Dollar beziffert; das Wachstum der westlichen Industriestaaten wurde in diesen Jahren durch die zweite Ölpreiswelle um fünf bzw. acht Prozent verringert.[21]

Die Verzehnfachung des Ölpreises in den beiden Ölpreiswellen bewirkte in den Öleinfuhrstaaten eine nachhaltige wirksame Verminderung des Ölverbrauchs. Die Energie-Elastizitäten in den Industriestaaten waren wesentlich größer als erwartet. Eine nachfragedämpfende Weltrezession verstärkte diese Entwicklung. Es waren vor allem verschiedene Spar- und Substitutionseffekte, die den Ölverbrauch in den Industrieländern zurückgehen ließen. Damit war die Wende auf dem Ölmarkt eingeleitet: Der Ölmarkt, der Ende der sechziger und Anfang der siebziger Jahre zu einem Verkäufermarkt wurde, auf dem die Anbieter den Preis bestimmen

---

[20] Siehe hierzu: Hanns W. Maull, Von der neuen Weltenergieordnung zur Neuen Weltwirtschaftsordnung, in: IP 1975-1976, München 1981, S. 57-77.

[21] Siehe hierzu: International Energy Agency, Energy Policies and Programmes of IEA Countries, 1981 Review, Paris 1982, S. 14 ff.

konnten, entwickelte sich wiederum in Richtung auf einen Käufermarkt - wie es bis Ende der sechziger Jahre der Fall war.

Wie nach der ersten Energiekrise, so gelang es auch diesmal den OECD-Staaten relativ rasch, das aufgrund der Ölpreiserhöhung entstandene Leistungsbilanzdefizit wieder zu vermindern. Ein Leistungsbilanzüberschuß von zehn Milliarden Dollar im Jahre 1978 war bis 1980 in ein Defizit von 75 Milliarden Dollar umgeschlagen. Im Jahre 1981 betrug das Defizit nur noch 45 Milliarden Dollar. Für diese Entwicklung waren sowohl die gesteigerten Exporte in den OPEC-Raum als auch die verminderten Öleinfuhren verantwortlich.[22]

Die zweite Energiekrise war für die OPEC-Staaten nur ein kurzfristiger Erfolg, mittelfristig hat die zweite Ölpreiswelle für das OPEC-Kartell grundlegende Probleme aufgeworfen. Zwar gelang es den OPEC-Staaten, die Ölpreise mehr als zu verdoppeln, ihre Öleinnahmen wesentlich zu erhöhen, die Weltwirtschaft ein zweites Mal in eine tiefe Krise zu stürzen, den Zusammenhalt der OPEC zu festigen sowie die Macht des Ölkartells zu stärken und für jedermann sichtbar zu machen, doch haben diese Erfolge auch Kräfte geweckt, die auf eine Schwächung der OPEC gerichtet waren und damit mithalfen, daß es Mitte der achtziger Jahre zu einem Sturz der Ölpreise auf unter zehn Dollar je Barrel kommen konnte. Es waren vor allem drei Entwicklungen, die darauf hinarbeiteten: Spar- und Substitutionseffekte verminderten die Ölnachfrage der Industrieländer; der Marktanteil der OPEC und daraus folgend ihre Macht schrumpfte; damit verbundene Verluste bei den Öleinnahmen schwächten den Zusammenhalt der OPEC.

---

[22] Siehe hierzu: Gerhard Fels, Der zweite Ölschock und seine Auswirkungen, in: IP 1979-1980, a.a.O., S. 209-222, hier: S. 215; siehe auch: Günter Keiser, Der zweite Ölschock und seine Lehren, in: EA, 11/1981, S. 335-344.

3. VON DER KONFRONTATION ZUR KOOPERATION? - NEUE ENTWICKLUNGEN IN DEN ACHTZIGER JAHREN

Während die siebziger Jahre die Zeit der verschärften Konfrontation zwischen den OPEC- und den Industriestaaten waren, was sich insbesondere in den beiden Energiekrisen zeigte, führten verschiedene Entwicklungen in den achtziger Jahren zu einem Abbau der Konfrontation, stattdessen bildeten sich Ansätze für eine Kooperation heraus. Dennoch blieb die Ölversorgung aus den OAPEC-Staaten als Achilles-Ferse der Energieversorgung der westlichen Industriestaaten bestehen, insbesondere im Falle Japans. Die hohen Ölpreise Anfang der achtziger Jahre, die schrittweise und Mitte der achtziger Jahre sprunghaft zurückgingen, wurden wiederum im Herbst 1990 als Folge der Kuwait-Krise erreicht. So war Erdöl in der zweiten Hälfte der achtziger Jahre erneut recht billig, doch haben politische Krisen im Mittleren Osten immer wieder neue Gefahren für die wirtschaftliche Sicherheit der OECD-Staaten heraufbeschworen.

3.1 Politische Krisen im Mittleren Osten als Rahmen

Die achtziger Jahre brachten im Mittleren Osten eine Verschärfung bestehender, das Entstehen neuer Krisen sowie einige Teilerfolge bei der Lösung verschiedener regionaler Konflikte. Es waren dies vor allem die Umwälzungen im Iran, die sowjetische Invasion in Afghanistan, der irakisch-iranische Krieg und der israelisch-arabische Konflikt.

Diese Krisen haben jeweils die Ölversorgung der Industriestaaten aus dem Mittleren Osten in Frage gestellt. Bereits die beiden Energiekrisen in den siebziger Jahren wurden durch politisch-militärische Sonderfaktoren ausgelöst. Die politische Krisenlage hat auch in den achtziger Jahren die Ölversorgung aus dem Mittleren Osten überschattet. Die politisch-militärischen Entwicklungen stellen deshalb den Rahmen dar für die wirtschaftlichen Beziehungen. Eine 'unpolitische' Ölversorgung aus dem Mittleren Osten wird es nicht geben können solange diese Region ein Krisenherd bleibt. Jede politische Krise im Mittleren Osten stellt eine Gefahr für die wirtschaftliche Sicherheit der Industriestaaten dar; dies ist die Erfahrung der siebziger und achtziger Jahre.

3.1.1 Die Revolution im Iran

Der Ausbruch der iranischen Revolution führte dazu, daß der Schah im Januar 1979 den Iran verlassen mußte und ein Mullah-Regime unter Ayatollah Khomeiny in Teheran eingerichtet wurde.[1] Die Lage hat sich dramatisch zugespitzt, als am 4. November 1979 in der amerikanischen Botschaft in Teheran 52 Botschaftsangehörige als Geiseln genommen und erst am 20. Januar 1981 (nach 444 Tagen!) wieder freigelassen wurden. Diese Geiselkrise zeigte die Ohnmacht der Supermacht USA in einem solchen Falle, führte gleichzeitig die explosive Lage des Mittleren Ostens der ganzen Welt vor Augen und beschleunigte die bereits laufende zweite Ölpreiswelle.

Zur amerikanischen Einschätzung der iranischen Revolution meint Wolfgang Wagner: "Die Entmachtung Schah Reza Pahlevis durch die Revolution von 1978/79 wurde von den Vereinigten Staaten aus mindestens vier Gründen als heftiger Schlag für die amerikanischen Interessen betrachtet: 1. Den USA drohte der Verlust ihres wichtigsten Bundesgenossen im Mittleren Osten; 2. sie fürchteten das Überspringen der Revolution auf andere "konservative" Regime in der Region; 3. sie hatten die Sorge, daß die Sowjetunion sich die Situation zunutze machen und Iran ganz oder teilweise unter ihren Einfluß bringen könnte; 4. aus alledem könnte eine Gefährdung der Erdölversorgung der westlichen Industriestaaten, mit katastrophalen Folgen für deren Wirtschaft, erwachsen."[2]

Die erste Befürchtung bestand sicherlich zu recht: Die USA haben mit dem Übergang im Iran vom Schah-Regime zum Mullah-Regime unter Ayatollah Khomeiny ihren wichtigsten Verbündeten im Mittleren Osten verloren, der vor allem in den siebziger Jahren mit tatkräftiger Unterstützung der USA eine Politik betrieb, die von Kritikern auch als "amerikanischer Polizist im Persischen Golf" bezeichnet wurde.

Nach dem Umsturz im Iran kam es dennoch nicht zu den von den USA befürchteten Entwicklungen, weil erstens der Iran sich auf den Krieg mit

---

[1] Siehe hierzu ausführlicher: Arnold Hottinger, Die iranische Revolution, in: IP 1979-1980, München 1983, S. 71-95.

[2] Wolfgang Wagner, Von der Détente zu neuer Konfrontation. Internationale Auswirkungen der Revolution in Iran und der sowjetischen Intervention in Afghanistan, in: IP 1979-1980, a.a.O., S. 1-16, hier: S. 8 f.

dem Irak konzentrieren mußte und zweitens andere Golfstaaten zum Teil eine engere Abstimmung mit den Vereinigten Staaten vornahmen oder sogar amerikanischen Schutz anforderten, wie etwa im Falle Kuwaits, das die Reagan-Administration um Geleitschutz für die eigenen Öltanker bat.

Die zweite Befürchtung war ebenfalls überzogen: Es kam zu keinem Überspringen der iranischen Revolution auf andere "konservative" Golfstaaten, ganz im Gegenteil. Zwar gab es entsprechende Bemühungen des Iran und die fundamentalistische Bewegung hat mit unterschiedlichem Erfolg in verschiedenen arabischen Staaten sich ausgebreitet, doch wurde keine Regierung gestürzt, stattdessen haben sich die Golfstaaten gegenseitig geholfen und haben gemeinsam - allen voran Kuwait und Saudi-Arabien - den Irak mit Milliardenbeträgen im Krieg gegen den Iran unterstützt. Da der Irak seinen Blitzkrieg nicht vollenden konnte, wollten die Golfstaaten mit ihrem Engagement zumindest einen Sieg des Iran verhindern, da in einem solchen Falle eine wesentliche Stärkung der Fundamentalisten in verschiedenen arabischen Staaten wohl nicht mehr aufzuhalten gewesen wäre.

Auch die Sorge, die Sowjetunion könnte den Iran unter ihren Einfluß bringen und damit den Mittleren Osten beherrschen, erwies sich als unbegründet. Es kam ganz anders: Zum einen wurde die Sowjetunion in Afghanistan in einen langwierigen und für sie verlustreichen Krieg verwickelt, wie sie das bei der Invasion im Dezember 1979 wohl nicht für möglich hielt; zum anderen brachte das Mullah-Regime neue Herausforderungen für die an den Iran angrenzenden Sowjetrepubliken aufgrund der religiösen, kulturellen und geschichtlichen Gemeinsamkeiten. Die Sowjetunion unterstützte zwar das Khomeiny-Regime im Iran und lieferte Waffen (allerdings auch an den Kriegsgegner Irak, der zum Ärger der Sowjetunion mit sowjetischen Raketen Teheran beschoß), doch wurde der Iran zu keiner Zeit ein Verbündeter oder gar Befehlsempfänger der Sowjetunion.

Eine Befürchtung im Hinblick auf die iranische Revolution hat sich jedoch bewahrheitet: Der Umsturz im Iran war ein wichtiges Element bei der zweiten Energiekrise, die die Weltwirtschaft in eine tiefe Rezession stürzte. Die revolutionären Umwälzungen im Iran führten bereits im Oktober 1978 zu einem Stillstand der gesamten Erdölindustrie des Landes; im November betrug die Produktion nur noch zwischen zehn und 15 Prozent der Normalförderung. Die Lage hatte sich im Frühjahr 1979 beruhigt, doch dann kam es zu erneuten Reibungen zwischen dem Irak und Iran und einer weiteren Verschärfung der politischen Lage im Mittleren Osten.

3.1.2 Krieg in Afghanistan

Neben der iranischen Revolution haben Anfang der achtziger Jahre vor allem der Afghanistan-Konflikt sowie der irakisch-iranische Krieg die größten Gefahren für den Mittleren Osten und damit für die Ölversorgung der westlichen Industriestaaten gebracht. Am 25. Dezember 1979 marschierten sowjetische Truppen in Afghanistan ein. Die sowjetischen Truppen - zeitweise mehr als 100 000 Mann - haben nach einem langwierigen und verlustreichen Aufenthalt erst Anfang 1989 Afghanistan wieder verlassen.[3] Die sowjetische Invasion in Afghanistan hat Befürchtungen geweckt, der Mittlere Osten könne zum Schauplatz einer umittelbaren Konfrontation zwischen den beiden Supermächten werden.

Zeitpunkt und Richtung des sowjetischen Gewaltaktes wurden nicht nur in den Vereinigten Staaten als äußerste Provokation empfunden. Nach dem Verlust seines treuesten Verbündeten im Mittleren Osten durch die iranische Revolution und kurz nach der Geiselnahme amerikanischer Diplomaten in Teheran am 4.November 1979 (die bis Januar 1981 andauern sollte!) versetzte der sowjetische Vorstoß die Amerikaner in helle Empörung. Dabei gilt es zu berücksichtigen, daß die Welt sich bereits in der zweiten Energiekrise befand und jede weitere Verschärfung der Krisenlage im Mittleren Osten die problematische Lage bei der Ölversorgung verschlechtern mußte.

In seinen beiden Rundfunk- und Fernseherklärungen vom 28.Dezember 1979 und 4.Januar 1980 zur sowjetischen Invasion Afghanistans ging Präsident Carter auf die verschiedenen Aspekte des Konfliktes ein und sprach von einer "flagranten Verletzung anerkannter internationaler Verhaltensregeln", von einer "außerordentlich ernsten Bedrohung des Friedens", von der Gefahr, daß "eine weitere sowjetische Expansion in be-

---

[3] Siehe hierzu ausführlicher: Hans Frey, Die sowjetische Besetzung Afghanistans, in: IP 1979-1980, a.a.O., S. 114-125.

nachbarte Länder in Südwestasien" drohe (Carter erwähnte ausdrücklich Iran und Pakistan) und von der Möglichkeit, daß Afghanistan als "Sprungbrett für eine sowjetische Kontrolle über einen großen Teil der Ölversorgung der Welt" dienen könnte. Mit einer unmißverständlichen Anspielung auf Hitler forderte Carter die internationale Staatengemeinschaft auf, die richtigen Lehren aus der Geschichte zu ziehen und der sowjetischen Aggression eine entschiedene Antwort zu erteilen.[4] Alle diese Argumente wurden zehn Jahre später im Falle der irakischen Invasion Kuwaits ebenfalls angeführt.

Den Vereinigten Staaten und allen westlichen Industrienationen war beim Erdölembargo anläßlich des Nahost-Krieges im Herbst 1973 in krasser Weise bewußt geworden, in welchem Ausmaße ihre Gesellschaften von kontinuierlichen Öllieferungen aus dem Mittleren Osten abhingen. Die USA versuchten in den siebziger Jahren, durch eine politische Vormachtstellung am Golf ihre Erdölimporte aus dieser Region zu sichern. Nun war die Sowjetunion dabei, die bedrohlichen Unsicherheiten am Golf auszunutzen, um die Vereinigten Staaten endgültig aus dem Mittleren Osten zu verdrängen.

In diesem größeren Zusammenhang - unter besonderer Berücksichtigung der amerikanischen Ölabhängigkeit vom Mittleren Osten - gilt es, die sogenannte 'Carter-Doktrin' zu sehen, die Präsident Carter am 23.Januar 1980 in seiner State-of-the-Union-Ansprache verkündete und damit ein deutliches Signal für die Sowjetunion und für die Staaten des Mittleren Ostens setzte. Wörtlich sagte er: "Ein Versuch irgendeiner auswärtigen Macht, die Kontrolle über die Region des Persischen Golfes zu erlangen, wird als ein Angriff auf die lebenswichtigen Interessen der Vereinigten Staaten betrachtet werden. Und solch ein Angriff wird unter Einsatz aller notwendigen Mittel, einschließlich militärischer Macht, zurückgewiesen werden."[5]

Ob mit dieser dramatischen Ankündigung einer amerikanischen Schutzgarantie für die Staaten des Mittleren Ostens die Sowjetunion davon abgehalten wurde, die Kontrolle über die Ölreserven in dieser Region anzustreben, war in der Folgezeit nicht zu erkennen. Richtig ist jedoch, daß

---

[4] Die beiden Rundfunk- und Ferseherklärungen sind abgedruckt in: EA, 6/1980, S. D134 f. und D141 ff.

die Sowjetunion für ihren militärischen Einfall in Afghanistan einen hohen politischen und ökonomischen Preis zu bezahlen hatte. So erlitt die Sowjetunion in der Dringlichkeitssitzung der UN-Generalversammlung am 14.Januar 1980 ihre schwerste Niederlage seit vielen Jahren: Mit 104 gegen 18 Stimmen bei 18 Enthaltungen wurde eine Resolution angenommen, in der die UN-Mitglieder "die jüngste bewaffnete Intervention in Afghanistan" beklagten, den unverzüglichen und bedingungslosen Abzug der Truppen verlangten und zur Achtung der Souveränität und politischen Unabhängigkeit Afghanistans aufforderten.[6] Die Vereinigten Staaten verhängten Sanktionen gegenüber der Sowjetunion, die von einer Aussetzung des SALT-II-Ratifizierungsprozesses über das Getreideembargo bis zum Olympiaboykott reichten.

Die sowjetischen Truppen konnten in Afghanistan keinen militärischen Sieg erringen. Da die Widerstandskämpfer nicht aufgaben und von den sowjetischen Truppen auch nicht besiegt werden konnten, verstärkte die Sowjetunion im Laufe der Jahre ihr Engagement - und sorgte damit dafür, daß auch die amerikanische Unterstützung für die Widerstandsgruppen erhöht wurde.

Den Umschwung im Afghanistan-Konflikt brachte der massive Einsatz der sowjetischen Luftwaffe - aber anders als dies wohl geplant war. Als Reaktion auf die brutalen und unmenschlichen Bombardements der Sowjetunion und den damit verbundenen schweren Verlusten in der Zivilbevölkerung (so wurden zum Beispiel sogenannte "Kindergranaten" eingesetzt, also Handgranaten, die als Kinderspielzeug getarnt waren) haben die USA Luftabwehrwaffen, insbesondere Stinger-Raketen, an die Widerstandsgruppen geliefert und damit diesen Gruppen eine Waffe in die Hand gegeben, mit der sie der sowjetischen Luftwaffe großen Schaden zufügen konnten.

Diese Verluste waren ein gewichtiger Grund für den für viele Beobachter etwas überraschenden sowjetischen Rückzug aus Afghanistan.[7] Die so-

---

[5] Abgedruckt in: EA, 5/1980, S. D101 ff.

[6] Die UN-Resolution ist abgedruckt in: EA, 7/1980, S. D161f.

[7] So haben Dieter Braun und Karlernst Ziem noch Anfang 1988 eine Studie über die sowjetische Afghanistanpolitik vorgelegt in der sie einen baldigen Rückzug der sowjetischen Truppen ausschlossen. Nur wenige Wochen später hat die Sowjetunion aber genau dieses angekündigt und ihre Truppen bis März 1989 aus Afghanistan zurückgeholt.

wjetische Entscheidung eines Truppenrückzugs basierte wohl zu einem gewichtigen Teil auf innenpolitischen Überlegungen und ökonomischen Problemen.[8] Diese für die Sowjetunion vor allem in politischer Hinsicht sehr teure imperialistische Militäraktion wurde erst nach mehr als neun Jahren abgebrochen, nachdem der politische, militärische, ökonomische und menschliche Preis dieser Invasion für die Sowjetunion zu hoch wurde.

3.1.3 Krieg zwischen Irak und Iran

Der dritte Konflikt, der irakisch-iranische Krieg, hat die ganzen achtziger Jahre hindurch für eine Gefährdung der Ölversorung aus dem Mittleren Osten gesorgt. Im September 1980 kündigte der irakische Präsident Saddam Hussein den Grenz- und Gutnachbarschaftsvertrag mit dem Iran und ließ die irakischen Truppen in einem Blitzkrieg in den Iran vordringen.[9]

Dem Irak ging es vor allem um die Hoheit über den Schatt al-Arab. Aufgrund der raschen militärischen Erfolge bot der irakische Präsident Hussein bereits am 28. September einen Waffenstillstand an. Der Iran wies das Angebot zurück und bereitete eine Gegenoffensive vor, die dann Anfang Januar 1981 stattfand. Während der folgenden Monate hat die Intensität der Kampfhandlungen zugenommen; und im September 1981 begann sich die militärische Lage, zugunsten Irans, zu verändern. Eine weitere iranische Großoffensive erfolgte im Frühjahr 1982. Der Irak mußte unerwartete Niederlagen hinnehmen. Angesichts dieser beträchtlichen Verluste kündigte Präsident Hussein am 20. Juni 1982 den Rückzug der irakischen Truppen innerhalb von zehn Tagen aus den besetzten iranischen Gebieten an und erneuerte sein Angebot eines Waffenstillstandes, das Teheran wiederum ablehnte.

---

[8] Siehe hierzu: Dieter Braun und Karlernst Ziem, Afghanistan: Sowjetische Machtpolitik - Islamische Selbstbestimmung. Innerafghanische Prozesse, regionale Konfliktfolgen, internationale Verflechtungen (SWP: Aktuelle Materialien, Bd. 17), Baden-Baden 1988.

Dabei gilt es zu beachten, daß die Reagan-Administration in ihren letzten Jahren eine Verbesserung der Beziehungen zwischen den beiden Supermächten von einer Lösung der Regionalkonflikte abhängig machte und damit den politischen Preis für die Sowjetunion weiter erhöhte.

[9] Siehe ausführlicher: Peter Hünseler, Der irakisch-iranische Krieg, in: IP 1981-1982, München 1984, S. 236-249.

In den folgenden Jahren kam es zu einem intensiven Zermürbungskrieg, der auf beiden Seiten hohe Verluste erforderte. Das Khomeiny-Regime schreckte in diesem von Ayatollah Khomeiny zum "Heiligen Krieg" erklärten Konflikt nicht davor zurück, selbst Kinder in die vorderste Front zu schicken. Der Irak, der den Krieg begonnen hatte, machte auch vor dem Einsatz von Giftgas nicht halt. Dieser Zermürbungskrieg wurde ermöglicht, weil - trotz anderslautender Beteuerungen und Aufforderungen - fast alle Waffen exportierenden Staaten der Welt den Irak und den Iran mit Nachschub versorgt haben; manche Staaten verkauften sogar Waffen an beide Kriegsgegner. Diese Waffenlieferanten schafften die Voraussetzungen dafür, daß Irak und Iran den blutigsten Krieg führen konnten, den die Region Mittlerer Osten je erlebt hat.

Zu den Kosten und zur Finanzierung dieses Krieges schreibt Arnold Hottinger: "Ohne den Erdölfaktor als Geldbringer für alle Seiten, als Kreditgrundlage und als Kampfeinsatz, um den gestritten wurde, hätten zwei Staaten der Dritten Welt, wie Iran und Irak, keinen achtjährigen Krieg mit den hochentwickelten und teuren Waffen, die sie einsetzten, führen und durchhalten können."[10]

Solange der Zermürbungskrieg anhielt und sich der Irak sowie der Iran jeweils auf den Gegner konzentrierten, solange blieb der Konflikt begrenzt und die Gefahr eines Golfkrieges mit Beteiligung der Supermächte relativ gering. Dies änderte sich grundlegend im Zusammenhang mit dem 'Tankerkrieg', zumindest was die USA und die westlichen Industriestaaten betraf. Der Tankerkrieg basierte auf der Überlegung, daß die Unterbrechung des Erdölexports den Kriegsgegner schwächen würde. Deshalb wurden im Verlaufe des Krieges Bohrinseln zerstört, Verlade-Einrichtungen bombardiert und schließlich Öltanker auf ihrer Fahrt vom Ölhafen zur Straße von Hormuz angegriffen.

---

[10] Arnold Hottinger, Der Auftakt zur Golf-Krise, in: EA, 17/1990, S. 507-514, hier: S. 507.

Im Sommer 1987 war der Tankerkrieg im vollen Gange: bis Juni 1987 waren nicht weniger als 244 Schiffe (meist Tanker) von Iran und Irak angegriffen worden. Die USA erhöhten ihr Engagement im Golf und übernahmen auf Wunsch Kuwaits den Geleitschutz für Kuwaits Öltanker. Mehrere europäische NATO-Staaten haben im Laufe des Sommers 1987 ebenfalls Kriegsschiffe und insbesondere Minensuchboote (zum Bergen der vom Iran im Golf ausgelegten Seeminen) in den Golf verlegt, so zum Beispiel Großbritannien, Frankreich, die Niederlande, Belgien und Italien; die Bundesrepublik hat sich indirekt beteiligt, indem Marineeinheiten ins Mittelmeer verlegt wurden, um von dort abgezogene amerikanis Krieg mit den hochentwickelten und teuren Waffen, die sie einsetzten, führen und durchhalten können."[11]

Solange der Zermürbungskrieg anhielt und sich der Irak sowie der Iran jeweils auf den Gegner konzentrierten, solange blieb der Konflikt begrenzt und die Gefahr eines Golfkrieges mit Beteiligung der Supermächte relativ gering. Dies änderte sich grundlegend im Zusammenhang mit dem 'Tankerkrieg', zumindest was die USA und die westlichen Industriestaaten betraf. Der Tankerkrieg basierte auf der Überlegung, daß die Unterbrechung des Erdölexports den Kriegsgegner schwächen würde. Deshalb wurden im Verlaufe des Krieges Bohrinseln zerstört, Verlade-Einrichtungen bombardiert und schließlich Öltanker auf ihrer Fahrt vom Ölhafen zur Straße von Hormuz angegriffen.

Im Sommer 1987 war der Tankerkrieg im vollen Gange: bis Juni 1987 waren nicht weniger als 244 Schiffe (meist Tanker) von Iran und Irak angegriffen worden. Die USA erhöhten ihr Engagement im Golf und übernahmen auf Wunsch Kuwaits den Geleitschutz für Kuwaits Öltanker. Mehrere europäische NATO-Staaten haben im Laufe des Sommers 1987 ebenfalls Kriegsschiffe und insbesondere Minensuchboote (zum Bergen der vom Iran im Golf ausgelegten Seeminen) in den Golf verlegt, so zum Beispiel Großbritannien, Frankreich, die Niederlande, Belgien und Italien; die Bundesrepublik hat sich indirekt beteiligt, indem Marineeinheiten ins Mittelmeer verlegt wurden, um von dort abgezogene amerikani•

---

[11] Arnold Hottinger, Der Auftakt zur Golf-Krise, in: EA, 17/1990, S. 507-514, hier: S. 507.

sche Einheiten zu ersetzen.[12] Nachdem die Minen beseitigt waren, hat die zweite Phase des Tankerkrieges begonnen: Es war nun vor allem der Irak, der Öltanker mit Raketen angriff. Die Gefährdung für die Ölversorgung blieb bestehen.

Zu einer neuerlichen Verschärfung mit einer bereits greifbar nahen Ausweitung des irakisch-iranischen Krieges zu einem Golfkrieg mit internationaler Beteiligung kam es im Juli 1988:[13] Der mit modernstem Gerät ausgestattete amerikanische Kreuzer 'Vincenss' schoß irrtümlich ein iranisches Zivilflugzeug über dem Golf ab und dabei kamen 290 Menschen ums Leben.[14] Während die Welt noch über mögliche iranische Reaktionen spekulierte, hat Ayatollah Khomeiny die für ihn - wie er sagte - schwierigste und schmerzlichste Entscheidung seines Lebens getroffen und einem Waffenstillstand mit dem Irak zugestimmt.[15] Zwei Jahre später - zwei Wochen nach der irakischen Invasion Kuwaits - machte Saddam Hussein dem Iran ein Versöhnungsangebot zur Regelung aller Streitfragen, die bislang einem Friedensabkommen entgegenstanden.[16]

---

[12] Diese NATO-Staaten hatten insgesamt 40 Kriegsschiffe in den Persischen Golf entsandt, fast ebenso viele wie die USA. Die Bundesrepublik hat in diesem Zusammenhang erstmals vier Kriegsschiffe mit 740 Mann Besatzung ins Mittelmeer verlegt. Siehe hierzu ebenfalls Kapitel 4.1.1.

[13] Zur Internationalisierung sowie zur Beendigung des Golfkrieges siehe ausführlicher: Hanns W. Maull, Der iranisch-irakische Krieg, in: IP 1987/88, München 1990, S. 265-277.

[14] Eine vergleichbare Katastrophe hat die Sowjetunion im Herbst 1983 ausgelöst: Ein sowjetisches Militärflugzeug hat das südkoreanische Zivilflugzeug KAL 007 - wie man jetzt weiß - gezielt abgeschossen. Während jedoch die Sowjetunion weltweit verurteilt wurde, taten sich diesmal viele Staaten schwer, die USA zu kritisieren und es gab sogar Staaten, die den Iran für zumindest mitverantwortlich machten.

[15] Siehe hierzu: Teheran erklärt sich im Krieg mit dem Irak zu einem Waffenstillstand bereit, in: FAZ, 19.7.1988; und: Waffenstillstand am Golf ab 20. August, in: NZZ, 10.8.1988. In einer Radioansprache verkündete Khomeiny seine Entscheidung und sagte dabei: "This is more painful than taking poison." Siehe hierzu: Tomoo Takahara, Iran-Iraq Cease-Fire: A Peace without Victory, in: Look Japan, Januar 1989, S. 3.

[16] Vgl.: Iraq Bows to Iran's Peace Demands, Freeing Army for Crisis Over Kuwait, in: IHT, 16.8.1990; und: Versöhnungsangebot Bagdads an Teheran, in: NZZ, 17.8.1990; und: Iran beharrt auf Rückzug des Iraks aus Kuwait, in: NZZ, 18.8.1990.

3.1.4 Der arabisch-israelische Konflikt

Ein weiterer Konflikt blieb die ganzen achtziger Jahre hinweg bestehen: die arabisch/palästinensisch-israelische Auseinandersetzung. Einerseits konnten keine großen Fortschritte in den achtziger Jahren erzielt werden, andererseits kam es zu keinem fünften arabisch-israelischen Krieg. Zwar hat Israel mit dem Angriff auf Libanon im Juni 1982 eine gefährliche neue Lage geschaffen,[17] die Reagan-Initiative vom September 1982 blieb erfolglos,[18] mit dem Aufstand in den besetzten Gebieten, der Intifada, konnten die Palästinenser ihre Ziele nicht erreichen, doch kam es Ende 1988 zu einer Annäherung zwischen der PLO und den USA, nachdem die PLO sich öffentlich vom Terror losgesagt und den Staat Israel anerkannt hatte. Damit war ein wichtiges Hindernis für eine grundlegende und friedliche Regelung des Nahost-Konfliktes beseitigt worden.

In der Folgezeit versuchten die Vereinigten Staaten, eine friedliche Lösung des Nahost-Konfliktes voranzubringen. Ihre Initiativen und Vorschläge stießen jedoch vor allem in Israel auf Ablehnung. Der Konflikt schwelte weiter, ohne daß sich daraus eine akute Krise entwickelte.[19] Die Welt wandte sich Ost-Europa und den dort stattfindenden revolutionären Umwälzungen zu. Erst im Rahmen der Kuwait-Krise kam dann auch der arabisch-israelische Konflikt wieder auf die Tagesordnung der Weltpolitik.

3.2 Der Zusammenbruch des Ölpreises: Ursachen, Probleme und Auswirkungen

Die zweite Energiekrise löste in den Verbraucherländern einen neuerlichen Ölschock aus, stürzte die Weltwirtschaft ein zweites Mal in eine tiefe Krise, bewirkte einen gewaltigen Ressourcentransfer zugunsten der OPEC-Staaten, zeigte die Ölabhängigkeit der gesamten Welt vom Mittle-

---

[17] Siehe hierzu ausführlicher: Arnold Hottinger, Der israelische Angriff auf Libanon, in: IP 1981/82, a.a.O., S. 212-222.

[18] Siehe hierzu ausführlicher: Helmut Hubel, Die Reagan-Initiative zur Lösung des Nahost-Konfliktes, in: IP 1981/82, a.a.O., S. 223-235.

[19] Siehe hierzu ausführlicher: Arnold Hottinger, Regionale Entwicklungen und Verschiebungen im Nahen Osten, in: IP 1987/88, a.a.O., S. 247-264.

ren Osten auf und ließ die Macht der OPEC erneut deutlich erkennen. Die zweite Ölpreisexplosion führte jedoch auch zu Entwicklungen, die mittelfristig eine Herausforderung für das OPEC-Kartell darstellten. Dabei gilt es einerseits zwischen Entwicklungen auf der Nachfrage- sowie auf der Angebotsseite des Ölmarktes und andererseits den Entwicklungen innerhalb der OPEC zu unterscheiden. Alle diese Veränderungen sind zu berücksichtigen, will man den Zusammenbruch des Ölpreises im Jahre 1986 erklären.

Anfang der achtziger Jahre ging die Rohölnachfrage deutlich zurück. Hierfür waren die weltweite Rezession, aber auch Spar- und Substitutionserfolge der Industriestaaten ausschlaggebend. Die Ölelastizitäten in den Verbraucherstaaten zeigten sich als wesentlich größer als erwartet. Da Erdöl von den Anbietern nicht gelagert wird, mußte das Ölangebot auf die verminderte Ölnachfrage reagieren. In diesen Jahren reduzierte die OPEC ihr Produktionsvolumen überdurchschnittlich stark, und zwar vom Rekordniveau von fast 32 Millionen Barrel pro Tag (mbd) im Jahre 1979 auf zeitweise nur etwa 16 mbd im Jahre 1982. Gleichzeitg hat sich der Förderanteil der OPEC an der globalen Ölproduktion von 48 auf etwa 35 Prozent verringert. Neue Anbieter wie Großbritannien, Norwegen, Mexiko und Ägypten drängten auf den Weltmarkt für Erdöl und nahmen als Außenseiter dem OPEC-Kartell Marktanteile ab. Eine sich teils beträchtlich vermindernde Weltölnachfrage ließ die wirtschaftlichen Interessengegensätze zwischen den OPEC-Staaten offen aufbrechen. Diese Probleme wurden noch verstärkt durch das Khomeiny-Regime im Iran, das eine stärkere Politisierung des Entscheidungsprozesses innerhalb der OPEC bewirkte.[20]

All diese Entwicklungen wirkten auf den Ölpreis ein. Nur wenige Wochen nachdem die OPEC im Dezember 1980 einen Basispreis für Erdöl von 32 Dollar beschlossen hatte, war der Weltölmarkt durch ein Überangebot gekennzeichnet. Ein hoher Ölpreis hätte eine Drosselung der Ölproduktion erfordert. Doch darauf konnten sich die OPEC-Staaten nicht einigen. Saudi-Arabien erhöhte seine Ölförderung und vergrößerte das Überangebot auf dem Weltmarkt für Erdöl, um die OPEC-Staaten zur Preissta-

---

[20] Siehe hierzu: Peter Nunnenkamp, Die Veränderung des Nord-Süd-Dialogs durch Krisenerscheinungen in der westlichen Industriewelt, in: IP 1981-1982, a.a.O., S. 154-173, hier: S. 159.

bilisierung zu zwingen und um einen einheitlichen Ölpreis durchzusetzen. Zwei OPEC-Konferenzen scheiterten im Jahre 1981 daran, eine Einigung über die gemeinsame Förderpolitik zu erzielen. Obwohl gegen Ende des Jahres die OPEC-Ölförderung gedrosselt wurde, blieb das Überangebot auf dem Weltölmarkt bestehen.

Im März 1982 hat Großbritannien den Preis für Nordseeöl um vier auf 31 Dollar gesenkt und damit wesentlich dazu beigetragen, daß der Preis auf dem Weltölmarkt immer stärker von Ölanbietern bestimmt wurde, die nicht der OPEC angehörten. Die Kombination von sinkenden Ölpreisen bei verminderten Förderanteilen führte zu stark verminderten Öleinnahmen, so daß die OPEC-Staaten im Jahre 1982 ein Leistungsbilanzdefizit von zehn Milliarden Dollar aufzuweisen hatten. In dieser Situation beschloß die OPEC dann doch eine Kürzung der Ölförderung um 2,5 mbd auf 18 mbd, um einen Ölpreis von 34 Dollar verteidigen zu können. Die Drosselung erwies sich jedoch als zu gering, der Angebotsüberhang auf dem Weltölmarkt blieb bestehen.

Diese instabile Lage auf dem Weltölmarkt hielt an und wurde durch interne Auseinandersetzungen zwischen OPEC-Staaten, vor allem zwischen Saudi-Arabien und dem Iran, weiter verschäft. Anfang des Jahres 1986 kam es dann aufgrund einer weiteren Erhöhung der saudischen Ölförderung zum Sturz des Ölpreises auf dem Weltmarkt: innerhalb weniger Wochen fiel der Ölpreis von 28 auf zeitweise unter zehn Dollar pro Barrel. Damit ergab sich für die OECD-Staaten eine Reduzierung ihrer Ölimportrechnung um mehr als 60 Milliarden Dollar alleine im Jahre 1986. Auf der anderen Seite bedeutete dies für die Öl-Exporteure einen entsprechenden Einkommensverlust, der die OPEC-Staaten zum Beispiel veranlaßte, ihre Einfuhren um mehr als 20 Prozent zu kürzen.

FALSCHE LEHREN AUS DEM ÖLPREISSTURZ

Der schrittweise Zusammenbruch des Ölpreises in der ersten Hälfte der achtziger Jahre wurde in den Verbraucherländern unterschiedlich bewertet und führte in den Industriestaaten zu Konsequenzen, die den Grundstein legten für eine neue Energiekrise. Der Einbruch am Weltmarkt für Erdöl wurde als Beweis dafür gesehen, daß sich der Ölmarkt wieder von einem Verkäufer- zu einem Käufermarkt gewandelt habe wie dies bis Anfang der siebziger Jahre der Fall gewesen war. Öl wurde nicht mehr als ein knappes, strategisches Gut, sondern als ein normales Gut angesehen, dessen Preis sich nach Angebot und Nachfrage regele. Bei einem reichlichen Ölangebot könne deshalb davon ausgegangen werden, daß sich der Ölpreis auf einem Niveau von 17-23 Dollar je Barrel einpendele. Zudem gäbe es Mitte der achtziger Jahre mehr Ölanbieter als je zuvor, der Anteil des Öls am Energieverbrauch sei geringer und die Energiemärkte seien wesentlich verschieden von jenen der siebziger Jahre. Es seien deshalb keine besonderen Maßnahmen im Hinblick auf die Energiesicherheit der Industriestaaten erforderlich.

Auf den Einwand, Rohöl sei eine endliche Ressource, die nicht ersetzt werden könne, wurde geantwortet, die bekannten Weltölreserven reichten beim derzeitigen Verbrauch noch für vier Jahrzehnte - und bis dahin würde man andere Rohöllagerstätten gefunden oder Alternativenergien entwickelt haben. Aus dieser Sicht waren die siebziger Jahre die Ausnahme - und die Welt kehrte in den achtziger Jahren wieder zur Normalität zurück.

Diese Denkweise herrschte in den Industriestaaten vor und bestimmte ihre Energiepolitik. Dementsprechend zogen die Regierungen aus dem Ölpreiszerfall die falschen Lehren und ließen die Benzin- und Ölpreise fallen, sahen zu, wie die heimische Ölproduktion absackte - vor allem in den USA -, unternahmen nichts, als der Ölverbrauch und die Öleinfuhren wieder anstiegen und blieben auch passiv, als Maßnahmen zur Energieeinsparung unterblieben und Alternativenergien im Wettbewerb mit dem billigen Öl chancenlos wurden.

Es ist zwar richtig, daß die Ölversorgung der Industriestaaten in der zweiten Hälfte der achtziger Jahre so sicher und preisgünstig war wie seit der ersten Energiekrise 1973/74 nicht mehr. Öl wurde im Überfluß gefördert und der Ölpreis blieb trotz steigender Nachfrage stets unter 20 Dollar je Barrel. Selbst langjährige politische Konflikte wie der Krieg zwischen dem Irak und Iran oder der Tankerkrieg im Golf führten zu keiner wesentlichen Verminderung der Ölversorgung aus den Golfstaaten. Dennoch wurde gerade in diesen Jahren der Grundstein gelegt für die nächste Energiekrise: der Energie- und insbesondere der Ölverbrauch stieg wieder schneller an, die heimische Produktion wurde gedrosselt und stattdessen die Öleinfuhr wesentlich erhöht.

Diese Fehlentwicklungen waren in den USA am offensichtlichsten und angesichts der Tatsache, daß die USA der größte Ölverbraucher der Welt sind, für den Weltmarkt am schwergewichtigsten. So stieg der Ölkonsum in den USA in der zweiten Hälfte der achtziger Jahre um 15 Prozent und die Öleinfuhr sogar um 40 Prozent an, während die Eigenproduktion um fünf Prozent abnahm. Als Ergebnis stieg die Importabhängigkeit beim Öl wieder auf nahezu 50 Prozent, ein Wert, der Ende der siebziger Jahre erreicht worden war.[21]

Das billige Öl entlastete die amerikanische Handelsbilanz, stützte den Konjunkturaufschwung und halbierte die Benzinkosten für jede Pkw-Meile auf zwei Cents. Angesichts der erneut sehr hohen Abhängigkeit von importiertem Öl aus der Golfregion stellte James Watkins, der Energieminister der Bush Administration, im Frühjahr 1989 fest: "Our vulnerability to oil-supplying disruptions is greater today than it was at the time of the Arab oil embargo."[22] Er mußte nur ein Jahr warten, um diese Befürchtungen bestätigt zu bekommen.

3.3 Grundlegende Veränderungen auf dem Welt-Erdölmarkt

In den achtziger Jahren fanden sowohl bei der Ölnachfrage und beim Ölangebot, bei den Ölpreisen und insbesondere bei der Ölabhängigkeit der Vereinigten Staaten grundlegende Veränderungen statt, die insgesamt dazu führten, daß die Ölabhängigkeit der westlichen Industriestaaten vom Mittleren Osten in der zweiten Hälfte der achtziger Jahre erneut anstieg und eine dritte Energiekrise wieder wahrscheinlicher wurde.

3.3.1 Entwicklung von Ölpreisen und Ölförderung

Die Entwicklung des Ölpreises in den vergangenen 30 Jahren kann in drei klar unterscheidbare Phasen unterteilt werden: Die sechziger Jahre mit

---

[21] Siehe hierzu: Umrisse eines Erdöldispositives der USA. Plädoyer Bushs für Fördersteigerung und Sparmassnahmen, in: NZZ, 10.8.1990. In den 70er Jahren konnte der Importanteil bis auf 32 Prozent gedrückt werden. Schon 1995 könnte der Anteil des Importöls auf zwei Drittel gestiegen sein. Vgl.: Amerika muß immer mehr Öl importieren, in: FAZ, 15.8.1990.

[22] Zitiert nach: Economist vom 13. Mai 1989, S. 53.

einem nominal stabilen und daher real sinkenden Ölpreis; die siebziger Jahre mit einer mehr als Verzehnfachung des Ölpreises sowie als dritte Phase die achtziger Jahre mit einer mehr als Halbierung des nominalen Ölpreises - Erdöl war Ende der achtziger Jahre in realen Preisen wieder so billig wie Anfang der siebziger Jahre. Zu Beginn der neunziger Jahre gab es weitere reale Ölpreissenkungen, doch dann führte die Kuwait-Krise innerhalb weniger Wochen zu einem Anstieg der Ölpreise auf das nominale Niveau von Anfang der achtziger Jahre.

Die Entwicklung der Ölpreise in den vergangenen Jahrzehnten ist aus der nachfolgenden Tabelle 2 zu entnehmen. Es zeigt sich, daß der durchschnittliche Ölpreis des Jahres 1960 mit 1,7 Dollar je Barrel Rohöl nahezu gleich war mit jenem des Jahres 1970. In den siebziger Jahren stieg der Ölpreis von 1,65 auf 18,7 Dollar je Barrel und hat sich damit mehr als verzehnfacht. Der größte Preissprung erfolgte bei der ersten Energiekrise 1973/74. Damals verdreifachte sich der Durchschnittspreis für das Öl von 3,4 auf 11,3 Dollar je Barrel innerhalb eines Jahres.

Demgegenüber brachte die zweite Energiekrise nur knapp eine Verdoppelung des Preises, von 18,7 Dollar in 1979 auf 34,5 Dollar je Barrel Rohöl im Jahre 1981. Experten sagten damals einen Ölpreis von 40-50 Dollar je Barrel für das Ende der achtziger Jahre voraus. Demgegenüber fiel der Ölpreis kontinuierlich, aber auch sprunghaft, so vor allem im Jahre 1986, als es zu einem Preiseinbruch unbekannten Ausmaßes kam. Im darauffolgenden Jahr stabilisierte sich der Ölpreis, um im Jahre 1988 erneut abzurutschen. Diese Entwicklung hielt an: So stieg der Ölpreis zeitweise auf 20 Dollar, um dann bis Juni 1990 auf unter 15 Dollar je Barrel abzufallen. Damit war das nominale Ölpreis-Niveau von 1974 erreicht. In realen Preisen war Erdöl damit für die Industriestaaten sogar billiger als vor der ersten Energiekrise.

Eine solche Entwicklung bei den Ölpreisen hat Auswirkungen auf drei Bereiche: Erstens, die Einnahmen der Ölförderstaaten gehen zurück; zweitens, der Ölverbrauch und damit als Folge die Ölförderung nimmt weltweit zu; und drittens werden Alternativenergien und Energiesparmaßnahmen im Vergleich mit dem billigen Öl ungünstiger in der Kalkulation. Im folgenden wird auf den Zusammenhang zwischen Ölpreis und Ölförderung eingegangen; die beiden anderen Aspekte werden später behandelt.

Tabelle 2: Ölpreis in den Jahren 1970 bis 1990 (durchschnittl. Ölpreis in Dollar je Barrel)

Jahr	Preis	Jahr	Preis
1960	1,72	1983	29,3
1970	1,65	1985	27,1
1973	3,39	1986	15,3
1974	11,29	1987	17,7
1978	12,93	1988	13,6
1979	18,67	1989	17,8
1981	34,52	1990	22,5

Quelle: Zusammengestellt aus: BP Statistical Review of the World Industry, London, verschiedene Jahre.

Die Entwicklung der globalen Erdölförderung ist in der nachstehenden Tabelle 3 aufgeführt. Es zeigt sich, daß die globale Erdölförderung von 1,1 Mrd. Tonnen im Jahre 1960 auf 3,2 Mrd. Tonnen im Jahre 1979 anstieg und sich damit mehr als verdreifachte. Damit wurde ein Rekord bei der Weltölförderung aufgestellt, der in den achtziger Jahren nicht wieder erreicht wurde. Stattdessen ging die Erdölförderung in den kommenden Jahren kontinuierlich zurück und betrug 1985 nur noch 2,7 Mrd. Tonnen; dies entsprach dem Produktionsniveau von 1975. Im folgenden Jahr kehrte sich dieser Abwärtstrend um: Die weltweite Erdölförderung stieg im Jahre 1986 um 5,8 Prozent auf 2,9 Mrd. Tonnen an und blieb in 1987 auf diesem Niveau. Längerfristig betrachtet hatte sich damit die globale Erdölförderung wieder auf dem Niveau der Jahre 1981 bzw. 1973 eingependelt, nachdem sie in der Zwischenzeit beträchtlich höher gewesen war; allerdings gelang es nicht, den bis 1985 sichtbaren Abwärtstrend fortzusetzen.

Zu einer markanten Erhöhung der weltweiten Ölförderung von vier Prozent kam es im Jahre 1988: Mit einer Gesamtproduktion von mehr als drei Mrd. Tonnen wurde erneut das Niveau von 1980 erreicht. Diese Ölförderung lag zwar etwa 200 Mio. Tonnen - oder rund sechs Prozent - unterhalb des 1979 registrierten Rekordniveaus. Der weltweite Erdölverbrauch hatte sich jedoch im Jahre 1988 wieder auf dem Niveau vor der zweiten Energiekrise eingependelt und stieg auch in den folgenden Jahren weiter

Tabelle 3:

Globale Erdölförderung in den Jahren 1960 bis 1990 und nach Regionen in Millionen Tonnen

Region/Land	1960	1970	1975	1980	1985	1988	1990
Nordamerika	373	603	481	565	575	548	501
- USA	347	533	411	482	491	455	410
Lateinamerika	193	278	227	295	336	337	368
- Mexiko	14	22	41	107	151	143	147
- Venezuela	147	193	122	113	89	93	111
Westeuropa	15	16	24	118	187	196	199
- GB	0	0	2	80	128	115	93
- Norwegen	0	0	9	24	38	56	81
Osteuropa	167	393	513	625	615	643	585
- UdSSR	148	352	490	603	595	624	569
Mittlerer Osten	265	714	981	947	493	712	825
- Saudi-Arabien	62	177	352	496	158	251	321
- Irak	48	77	110	130	69	128	100
- Iran	52	192	266	77	109	113	156
- Kuwait	82	137	104	81	47	56	58
- Abu Dhabi	0	33	67	65	39	56	79
Ferner Osten	27	87	186	241	274	296	313
- China	0	20	77	106	125	135	138
Afrika	10	274	232	268	242	246	317
- Nigeria	1	53	88	102	74	70	91
WELTFÖRDERUNG	1051	2336	2706	3059	2761	3025	3150

Quelle: Zusammengestellt aus: Petroleum Economist, verschiedene Jahre; für die Angaben für das Jahr 1990 siehe: Petroleum Economist, January 1991, S.5-7; und: Leichte Zunahme der globalen Erdölförderung. Weiterhin wachsender Anteil der OPEC, in: NZZ, 23.1.1991.

an. Die Reduzierung des Ölverbrauchs in der ersten Hälfte der achtziger Jahre auf den Stand von 1975 wurde innerhalb weniger Jahre wieder ausgeglichen.

Diese neuerliche Rekordproduktion Ende der achtziger Jahre ging vor allem auf eine starke Ausweitung der Ölförderung der 13 OPEC-Staaten zurück, die damit ihren Anteil an der globalen Rohölproduktion vom Tiefpunkt im Jahre 1985 mit nur noch 28,2 Prozent auf wiederum 38,7 Prozent im Jahre 1990 erhöhten: Die OPEC-Staaten förderten mehr als 1,2 Mrd. Tonnen; damit lag ihre Ölförderung mehr als doppelt so hoch als die Ölförderung der Sowjetunion, dem größten Ölproduzenten der Welt.

Bei einer regionalen Betrachtung ergibt sich ein etwas anderes Bild. Zwar ist der Mittlere Osten vor Osteuropa und Nordamerika die Region mit der größten Erdölförderung, doch bei den Förderländern stand die Sowjetunion im Jahre 1990 mit einem Anteil von 18 Prozent an der Weltölförderung an erster Stelle, gefolgt von den USA mit 13 Prozent und Saudi-Arabien mit zehn Prozent. Es folgt Iran (4,9%), Mexiko (4,7%), China (4,4%), Venezuela (3,5%), Irak (3,2%), Großbritannien (3,0%), Kanada (2,9%), Nigeria (2,9%), Norwegen (2,6%), Abu Dhabi (2,5%), Indonesien (2,2%), Libyen (2,1%), Kuwait (1,8%), Algerien (1,8%), Ägypten (1,4%), Oman (1,1%), Indien (1,0%), Brasilien (1,0%) und Malaysia (0,9%). Diese 22 Ölförderstaaten haben damit zusammen einen Anteil an der globalen Erdölförderung von 89 Prozent.[23]

Einige weitere Entwicklungen bei der Erdölförderung sind beachtenswert, weil sie grundlegende Veränderungen auf dem Ölmarkt anzeigen. So hatte die USA mit 533 Mio. Tonnen im Jahre 1970 ihre bislang größte Ölproduktion vorzuweisen; die Ölförderung ging auf 411 Mio. Tonnen im Jahre 1975 zurück, betrug 1988 wieder 455 Mio. Tonnen und fiel erneut auf 409 Mio. Tonnen im Jahre 1990. Die Sowjetunion hat demgegenüber fast kontinuierlich ihre Ölförderung von 350 in 1970 auf 624 Mio. Tonnen in 1988 ausgeweitet, erst in den folgenden Jahren sank die Ölproduktion und betrug im Jahre 1990 nur noch 569 Mio. Tonnen.[24]

---

[23] Zu den Zahlenangaben siehe: World estimated oil production, in: Petroleum Economist vom Januar 1991, S. 6.

[24] Siehe ebenda.

Während in den vergangen zwei Jahrzehnten Staaten wie Mexiko, Großbritannien, Norwegen und China zu bedeutenden Ölproduzenten wurden, ging die Ölförderung Venezuelas auf die Hälfte zurück; Nigeria verdoppelte in den siebziger Jahren seine Ölförderung, um sie dann in den achtziger Jahren von 100 auf 70 Mio. Tonnen zu reduzieren; im Jahre 1990 waren es 91 Mio. Tonnen.

Am auffälligsten ist jedoch die Entwicklung für die Region Mittlerer Osten. Diese Staaten haben ihre Ölförderung in den siebziger Jahren beachtlich ausgeweitet - und sie in den achtziger Jahren im selben Umfange eingeschränkt, so daß die Ölförderung dieser Region mit 714 Mio. Tonnen in 1970 und 712 Mio. Tonnen im Jahre 1988 nahezu identisch war; die Ölförderung stieg auf 825 Mio. Tonnen im Jahre 1990. Für diese Veränderungen war vor allem Saudi-Arabien verantwortlich, das seine Ölproduktion in den siebziger Jahren nahezu verdreifachte, im Jahre 1985 mit 158 Mio. Tonnen jedoch weniger Öl förderte als 1970. Die saudische Ölförderung stieg auf 258 Mio. Tonnen im Jahre 1988 (nur etwa die Hälfte derjenigen des Jahres 1980) und - auch als Folge der Kuwait-Krise - auf 320 Mio. Tonnen im Jahre 1990.

Für den Irak und den Iran lassen sich ähnliche Entwicklungen bei der Ölförderung feststellen, wenngleich in einem geringerem Ausmaße. Der Einbruch bei der Ölfördrung des Irans im Jahre 1980 war jedoch eine Auswirkung der Revolution im vorhergehenden Jahr und keine bewußte Entscheidung. Die Ölförderung des Irak und Kuwaits im Jahre 1990 fiel um 28 bzw. 36 Prozent, dies war jedoch die Folge des UN-Embargos gegen den Irak.

3.3.2 Ölverbrauch und Ölreserven

Gefördertes Erdöl wird in der Regel auch verbraucht.[25] Der Ölverbrauch legt somit das Niveau der Erdölförderung fest. Die Nachfrage nach Erdöl hat sich von einer Milliarde Tonne im Jahre 1960 auf drei Milliarden Tonnen im Jahre 1980 verdreifacht; nach einem Rückgang auf 2,7 waren es im Jahre 1990 wieder 3,15 Milliarden Tonnen. Von diesem weltweiten

---

[25] Als Ausnahme ist auf die Lagerhaltung der Ölfirmen und die strategischen Ölreserven der IEA-Staaten zu verweisen.

Ölverbrauch entfiel auf die OECD-Staaten ein Anteil von 57 Prozent (1973: 64%), auf die Entwicklungsländer 20 Prozent (1973: 13%) und auf die früher als sozialistische Staaten zusammengefaßte Länder ein Anteil von 23 Prozent (1973: 17%).

Die beiden größten Erdölproduzenten sind auch die beiden größten Erdlverbraucher - allerdings in umgekehrter Reihenfolge: Die USA konsumieren pro Jahr über 790 Mio. Tonnen Erdöl und die Sowjetunion 435 Mio. Tonnen. Auf Platz drei bei den Verbraucherländern steht Japan mit 233 Mio. Tonnen, gefolgt von China (117), von der Bundesrepublik (107), Italien (94), Frankreich (88), Großbritannien (81) und Kanada mit 77 Mio. Tonnen. Auf diese neun Staaten entfallen etwa zwei Drittel des Weltölverbrauchs.[26]

Erdöl ist ein endlicher, ein nur begrenzt vorhandener Rohstoff. Bei einem jährlichen Verbrauch von mehr als drei Milliarden Tonnen Erdöl, muß deshalb gefragt werden: Welche Ölreserven gibt es? Wer besitzt sie? Sind die Ölverbraucher auch die Ölbesitzer? Wieviele Jahre dauert es beim heutigen Ölverbrauch bis die Ölreserven aufgebraucht sein werden? Gibt es für die Industriestaaten zum Erdöl eine Alternative?

Zu den globalen Erdölreserven veröffentlicht die amerikanische Zeitschrift "Oil & Gas Journal" regelmäßig Schätzungen über die "nachgewiesenen Welterdölreserven". Darunter versteht man definitionsgemäß jenen Teil der gesamten Ressourcen, der bereits entdeckt und unter den derzeitigen absehbaren ökonomischen Rahmenbedingungen mit bekannter Technologie förderbar ist.

Bei der neuesten Schätzung von Anfang 1988 wurde die nachgewiesene Welterdölreserve um 27 Prozent auf ein Rekordniveau von 121 Milliarden Tonnen festgelegt. Diese außerordentliche Zunahme basierte auf einer massiven Heraufsetzung der Zahlen von vier der 13 OPEC-Staaten. So ergab sich bei den Ölreserven des Iran und des Iraks jeweils eine Verdoppelung, im Falle Venezuelas eine Verdreifachung und im Falle der VAE sogar eine Vervierfachung. Damit haben die gesamten OPEC-Reserven um gut 40 Prozent auf 91 Milliarden Tonnen zugenommen; auf die

---

[26] Zu den Zahlenangaben siehe: BP Statistical Review of World Energy, Juni 1990, insbesondere S. 7 ff.

übrigen Länder entfallen 30 Milliarden Tonnen. Demnach besitzen die OPEC-Staaten drei Viertel der nachgewiesenen Welterdölreserven.

Mit mehr als 23 Milliarden Tonnen besitzt Saudi-Arabien die größten Ölreserven. Es folgen der Irak mit 13,3 Milliarden Tonnen, Kuwait mit 13,1, die VAE mit 12,9, der Iran mit 12,5 und Venezuela mit acht Milliarden Tonnen. Erst dann folgen die beiden größten Erdölverbraucherstaaten: die Sowjetunion mit acht und die USA mit 4,2 Milliarden Tonnen. Größere Reserven als die USA hat Mexiko mit 6,8 Milliarden Tonnen. In der Reihenfolge der Ölbesitzer folgen: Libyen mit 2,8, China mit 2,4, Nigeria mit 2,2, Norwegen mit 1,9, Großbritannien mit 1,2, Indonesien mit 1,1, Algerien mit 1,1, und Kanada mit 0,9 Milliarden Tonnen. Auf diese 17 Erdölländer entfallen 117 der 121 Milliarden Tonnen der nachgewiesenen Welterdölreserven.[27]

Bei einem Vergleich der nachgewiesenen Erdölreserven mit der Erdölförderung dieser Staaten (siehe Tabelle 3) zeigt sich, daß bei der gegenwärtigen Förderung die Ölreserven der USA in zehn Jahren aufgebraucht sein werden. Kanada und Großbritannien haben ebenfalls noch Reserven für zehn Jahre. Norwegen kann noch weiter 35 Jahre Erdöl fördern, die Sowjetunion jedoch nur 13 Jahre und China etwa 18 Jahre.

Demgegenüber besitzt Saudi-Arabien Ölreserven für 90 Jahre, der Irak und Iran jeweils für 100 Jahre und Kuwait sogar für 180 Jahre. Venezuela kann weitere 85 Jahre die heutige Ölproduktion aufrecht erhalten, Mexiko 40, Libyen 50, Nigeria 30 und Indonesien weitere 20 Jahre.

Bei diesen Zahlen gilt es zu berücksichtigen, daß die OPEC- Staaten zwar über drei Viertel der nachgewiesenen Erdölreserven verfügen, für sich jedoch nur fünf Prozent der gegenwärtigen Jahresförderung beanspruchen, während auf die Industrieländer lediglich sechs Prozent der Reserven, aber 57 Prozent des jährlichen Erdölverbrauchs entfallen. Daraus folgt, daß die Ölreserven in den OECD-Ländern in einem Jahrzehnt aufgebraucht sein werden und deshalb ihre Ölabhängigkeit von den OPEC-Staaten in den neunziger Jahren kontinuierlich steigen wird.

---

[27] Zu den Zahlenangaben siehe: Neue Akzente bei der globalen Erdölreserve: Starker Pendelausschlag zugunsten der OPEC, in: NZZ, 20./21.3.1988.

Aus dieser ungleichen Verteilung von Erdölreserven und Erdölverbrauch und den zu erwartenden Entwicklungen im Hinblick auf die Ölabhängigkeit der Industriestaaten von den OPEC-Staaten folgert selbst die konservative Neue Zürcher Zeitung: "Die populäre Theorie, wonach das Kartell die von 1973 bis 1983 erreichte Machtfülle nie wieder zurückgewinnen dürfte, bedarf jedenfalls einer gründlichen Überprüfung, solange die Industriestaaten in einem solchen Ausmaß von Erdöl als Energiequelle abhängig bleiben."[28]

3.3.3 Ölabhängigkeit der USA

Die USA sind der größte Ölverbraucher dieser Erde: rund 250 Millionen Amerikaner - etwa vier Prozent der Weltbevölkerung - verbrauchen ein Viertel der gesamten Ölproduktion. Der Ölverbrauch stieg in den vergangenen Jahrzehnten zum Teil beträchtlich an und die Ölabhängigkeit hat sich in diesen Jahren mitunter sprunghaft erhöht. So importierten die USA Anfang der siebziger Jahre etwa ein Viertel ihres Ölbedarfs, dies waren 3,5 Millionen Barrel pro Tag (mbd). In diesen Jahren lag der Ölpreis unter zwei Dollar je Barrel und die USA waren der größte Ölproduzent der Welt. Dies änderte sich grundlegend: Ende der siebziger Jahre importierten die USA 8,5 mbd - dies waren etwa 50 Prozent des Gesamtverbrauchs an Erdöl - bei einem Ölpreis von mehr als 30 Dollar und gleichzeitig sinkender amerikanischer Ölproduktion.

Angesichts dieser Entwicklungen in den siebziger Jahren klagte Joseph Nye: "The painful 1973 Arab oil embargo seemed to have taught us nothing when the Iranian Revolution curtailed production in 1979. President Carter did not exaggerate when he called the situation 'a clear and present danger to our national security'".[29]

Ende der achtziger Jahre lag die Importabhängigkeit der USA beim Erdöl wiederum bei nahezu 50 Prozent, nachdem sie bis Mitte der achtziger Jahre reduziert werden konnte. In der zweiten Hälfte der achtziger Jahre stieg der Ölverbrauch in den USA jedoch um 15 Prozent und die Öleinfuhr sogar um 40 Prozent, während die heimische Ölproduktion um

---

[28] Neue Akzente bei der globalen Erdölreserve: Starker Pendelausschlag zugunten der OPEC, in: NZZ, 20./21.3.1988.

fünf Prozent abnahm. Diese erneut sehr hohe Importabhängigkeit veranlaßte den Energieminister der Bush Administration, James Watkins, im Frühjahr 1989 - wie bereits erwähnt - auf die Gefahren für die amerikanische Ölversorgung hinzuweisen und darauf, daß diese Risiken Ende der achtziger Jahre größer seien als zur Zeit des Ölembargos der OPEC im Jahre 1973. James Schlesinger, Energieminister der Carter Administration, hat im Herbst 1989 ebenfalls vor den Gefahren der hohen Abhängigkeit gewarnt und darauf verwiesen: "The main point is to emphasize the steadily growing dependency on OPEC and upon the Persian Gulf, a region of the world not noted for its political stability."[30]

Zwar waren die USA wesentlich weniger von Öleinfuhren abhängig als andere OECD-Staaten - so kamen nur 20 Prozent der amerikanischen Öleinfuhren aus Golfstaaten -, aber im Hinblick auf die Gefahren einer neuen Energiekrise machte dies kaum einen Unterschied: Es gibt nur einen Weltölmarkt, von dem sich kein ölproduzierendes und erst recht kein ölkonsumierendes Land abkoppeln kann. Die bestehenden Interdependenzen waren und sind so groß, daß auch bei einer autarken Ölversorgung eine Energiekrise für die USA große ökonomische Probleme bringen würde.

Deshalb war es im Interesse aller beteiligten Staaten, verstärkte Anstrengungen zu unternehmen, eine dritte Energiekrise zu vermeiden. Für die USA bedeutete dies, den wachsenden Ölkonsum einzuschränken. Vor allem die bei den Käufern wieder beliebten PS-starken, großen, öldurstigen Luxusautos führten zu einem steigenden Benzinverbrauch. Bei einem Preis von 1,10 Dollar je Gallone wurde der amerikanische Autofahrer nicht gezwungen, seinen Benzinverbrauch einzuschränken. Zwei Dinge waren deshalb erforderlich: Schärfere Vorschriften für die Industrie, benzinsparende Autos zu bauen sowie Einschränkung des Ölkonsums über eine spezielle Benzinsteuer.

Doch selbst im Herbst 1990 - als die Ölpreise aufgrund der Kuwait-Krise wieder ein hohes Niveau erreicht hatten - lehnte der Kongreß eine Verschärfung der Industrienormen ab; und im Rahmen des Haushaltskom-

---

[29] Joseph S. Nye, Energy and Security, in: David D. Deese and Joseph S. Nye, Energy and Security, Cambridge, Mass. 1981, S. 3-22, hier: S. 3.

promisses vom Oktober 1990 wurde nur eine minimale Erhöhung der Benzinsteuer von fünf Cents pro Gallone beschlossen.[31] Steuern machen in den USA nur 30 Prozent des Benzinpreises aus; in den fünf anderen großen OECD-Staaten sind dies jedoch durchschnittlich 65 Prozent - und der Benzinpreis ist zwei- bis viermal so hoch wie in den USA. Bei einer Benzinsteuer von 30 Cents je Gallone wäre der Benzinpreis in den USA nur auf das Niveau vom Frühjahr 1986 gestiegen - bei sicherlich rückläufiger Nachfrage - und gleichzeitig hätte das Haushaltsdefizit der USA um 30 Milliarden Dollar pro Jahr gekürzt werden können.

Angesichts der Diskrepanz zwischen wortreichen Ankündigungen und fehlenden Taten, schrieb der ehemalige amerikanische Energieminister, James R. Schlesinger, im Jahre 1989: "Trotz all ihrer anderslautenden Rhetorik tun die Amerikaner zur Zeit alles, um die Macht des OPEC-Kartells wieder herzustellen. Wir erhöhen, mehr als jedes andere Land, die globale Ölnachfrage. Wir lassen unsere heimische Ölindustrie verkommen und steigern das Ausmaß unserer Ölimporte rapide. In den neunziger Jahren werden wir eine wiedererstarkte OPEC erleben."[32]

3.4 Handelsverflechtung und Finanzen

Die Ölstaaten des Mittleren Ostens haben innerhalb nur eines Jahrzehnts ein Kapitalvermögen von mehreren Hundert Milliarden Dollar angesammelt. Ihr Öl- und Kapitalreichtum machte sie in den siebziger und achtziger Jahren zu wichtigen Handelspartnern der westlichen Industriestaaten. Die Einnahmen aus dem Ölverkauf machten die Golfstaaten zu zahlungskräftigen Kunden und zu potentiellen Akteuren auf den internationalen Finanzmärkten. Zwar ist nicht exakt bekannt, wieviel Reichtum - und in welcher Form - die Golfstaaten angesammelt haben, die OPEC-Staaten erwirtschafteten jedoch alleine in den Jahren 1973 bis 1983 Öleinnahmen von mehr als 1,8 Billionen Dollar - und der Großteil dieser Einnahmen

---

[30] James R. Schlesinger, Oil and Power in the Nineties, in: The National Interest, Spring 1990, S. 111-115, hier: S. 113.

[31] Darauf wird ausführlicher im 4.Kapitel eingegangen.

[32] James R. Schlesinger, So billig wird's nie wieder. Warum die Ölpreise steigen müssen, in: DIE ZEIT vom 24. Februar 1989.

ging an Golfstaaten. Mit diesen kurzfristig erzielten Geldern wurden Waffen gekauft, importierte Konsumgüter finanziert, die Infrastruktur in den Golfstaaten ausgebaut, Finanzinvestitionen getätigt und in einem gewissen Umfange Entwicklungshilfe geleistet.

Zur handelspolitischen Bedeutung der Golfstaaten insbesondere für die USA stellt Anthony Cordesman fest: "All of the Gulf states - even Iran - are major trading partners with the West. The Southern Gulf states, however, are particularly heavy trading partnerns with the OECD states. They not only import substantial amounts of goods; they generally have a large enough trade surplus to make substantial overseas investments, and virtually all of these investments occur in the West. ... The trade between the U.S. and the nations in the region was worth over $16 billion, and the U.S. had a $3.6 billion trade advantage (in 1986, d.V.). ...Even today, Saudi Arabia is the sixth largest importer of U.S. goods, and U.S. exports take up roughly 20% of the Saudi Market."[33]

Mit dem Ölreichtum wurden die Golfstaaten zu interessanten Handelspartnern für die OECD-Staaten. Auf der anderen Seite führte der Ölpreisverfall zu einer Einschränkung des potentiellen Handels. Der Ölpreiszusammenbruch in den achtziger Jahren hat in dieser Hinsicht auch eine neue Lage geschaffen für die Handels- und Finanzbeziehungen zwischen den Golf- und den OECD-Staaten.

Die Öleinnahmen der OPEC-Staaten stiegen von 23 Milliarden Dollar in 1973 auf eine Rekordsumme von 287 Milliarden Dollar im Jahre 1980 an. In den achtziger Jahren fielen die Öleinnahmen auf 132 Milliarden Dollar in 1985 und verminderten sich sogar auf 80 Milliarden Dollar im Jahre 1988. Die Öleinnahmen Saudi-Arabiens reduzierten sich auf ein Sechstel: von einem Rekordbetrag von 102 Milliarden Dollar in 1980 auf nur 22 Milliarden Dollar in 1986; auch in 1987 und 1988 waren die Öleinnahmen nicht wesentlich höher. Gleichzeitig brachte die Abwertung des Dollars Mitte der achtziger Jahre weitere Einkommensverluste für die Golfstaaten.

---

[33] Anthony H. Cordesman, The Gulf and the West. Strategic Relations and Military Realities, Boulder, Col. 1988, S. 27 f.

U.S. had a $3.6 billion trade advantage (in 1986, d.V.). ... Even today, Diese Entwicklungen beim Ölpreis und den Öleinnahmen haben sich in der Handelsbilanz der OPEC-Staaten niedergeschlagen. So verminderte sich der Handelsüberschuß der 13 OPEC-Staaten von 127 Milliarden Dollar in 1981 auf nur noch 24 Milliarden Dollar in 1988. Dies betraf vor allem jene Golfstaaten mit einer kleinen Bevölkerung, wie Saudi-Arabien und Kuwait, deren Handeslüberschuß sich von 112 auf elf Milliarden Dollar dezimierte, während der Handelsüberschuß von Staaten wie dem Iran - aber auch Indonesien - nahezu konstant blieb.[34]

Was haben die Golfstaaten mit den Milliardenbeträgen an Öleinnahmen gemacht? Haben sie Konsum- oder Investitionsgüter gekauft? Standen die Verbesserung der Infrastruktur oder der Aufbau von Finanzbeteiligungen im Vordergrund? Wie haben die Ölstaaten auf den Verfall des Ölpreises in den achtziger Jahren reagiert?

Zur Verwendung der reichlichen Öleinnahmen schreibt Altaf Gauhar: "Guns were the first claumants. The explosion in oil revenues produced parallel explosions in military spending. The price of oil increased fourfold in 1974 and arms expenditures among Arab producers showed a corresponding increase between 1974 and 1976. Oil prices doubled in 1980, as did arms expenditures between 1980 and 1984. ... In less than 20 years military expenditures in the Middle East escalated from $4.7 billion in 1962 to $46.7 billion in 1980, nearly nine times the world average. ... While the oil bonanza spurred an explosion in military spending, the current decline in oil revenues has not resulted in any reduction in arms expenditures. In some instances, military budgets have even gone up."[35]

Der Einbruch bei den Öleinnahmen hat sich bei den einzelnen OPEC-Staaten recht unterschiedlich ausgewirkt -alle mußten sich jedoch mit geringeren Einnahmen abfinden und ihre Ausgaben dementsprechend anpassen. Alleine in den Jahren 1986 bis 1988 hatte die OPEC einen weiteren realen Einkommensausfall von 20 Prozent zu verkraften - und 1986 war schon ein schlechtes Jahr gewesen. So mußte Saudi-Arabien mehrmals seinen Haushalt reduzieren. Nigeria kürzte seit 1983 jährlich seine

---

[34] Vgl.zu den Zahlenangaben: The Economist vom 4. März 1989.

[35] Altaf Gauhar, Arab Petrodollars, in: World Policy Journal, Summer 1987, S. 443-464, hier: S. 447 und S. 448.

Einfuhr. In Algerien führte ein rigoroses Sparprogramm zu Unruhen mit Blutvergießen. Ähnliche Vorkommnisse gab es im Frühjahr 1989 in Venezuela. Mexiko mußte Ende der achtziger Jahre seine Öleinnahmen fast ausschließlich zur Zinszahlung für seine Auslandsschulden von mehr als 100 Milliarden Dollar aufwenden. Iran und Irak haben die Öleinnahmen zur Finanzierung des Krieges ausgegeben und benötigten nach dem Waffenstillstand jeden Dollar an Öleinnahen zum Wiederaufbau ihrer zerstörten Länder.

Insgesamt erzielten die OPEC-Staaten im Jahre 1980 einen Leistungsbilanzüberschuß in Höhe von 91 Milliarden Dollar. Dieser Überschuß verwandelte sich in ein Leistungsbilanzdefizit von 33 Milliarden Dollar in 1986; im Jahre 1987 belief sich das Defizit auf 9,6 Milliarden Dollar, stieg 1988 jedoch wieder auf 18 Milliarden Dollar an.

Für den Außenhandel der OECD-Staaten und insbesondere der USA bedeutete dies zweierlei: Die Zeit des schnellen Geldverdienens mit den Golfstaaten war vorbei. Der Handel war schwieriger geworden, weil die Golfstaaten nun genauer rechnen mußten. In diesem Sinne haben sich die Handelsbeziehungen normalisiert.

Zweitens mußten die Golfstaaten ihre Waffenkäufe einschränken. An diesen Waffengeschäften waren die USA im besonderen Maße beteiligt. Am profitablen Waffenhandel im Falle des iranisch-irakischen Krieges haben jedoch fast alle Waffen produzierenden Staaten der Welt teilgenommen, manche haben sogar beide Seiten beliefert oder Erzfeinde haben Waffengeschäfte abgeschlossen, wie zum Beispiel der Iran mit Israel.

Eine Reduzierung der Waffenexporte in die Golfstaaten bedeutet Umsatzeinbußen für die Rüstungsindustrien der Lieferländer, wäre jedoch eine positive Entwicklung für die Golfregion und für die Welt insgesamt. In den siebziger Jahren haben die USA Waffengeschäfte mit den Golfstaaten auch dazu benutzt, die eigene Industrie zu unterstützen, die Zahlungsbilanz zu verbessern und insbesondere die reichlich vorhandenen Petrodollars zurückzuschleusen. Wer jedoch keinen Unterschied sieht - oder machen will - zwischen Waffengeschäften und dem Verkauf von Konsum- oder Investitionsgütern, der trägt nicht dazu bei, Probleme zu lösen, sondern schafft neue.

Nach dem Waffenstillstand zwischen dem Irak und Iran Mitte 1988 gab es sehr bald Anzeichen dafür, daß beide Länder alte Fehler wiederholen und einer raschen Wiederaufrüstung Priorität einräumen würden. Beide Staaten haben einen sehr blutigen und langwierigen Krieg geführt, der viele Menschenleben forderte und auch sehr teuer war. Schätzungen gehen von mehr als 450 Milliarden Dollar aus, u.z. etwa 350 Milliarden Dollar für Militärausgaben und weitere 100 Milliarden Dollar an Ölexportverlusten.[36] Beide Staaten waren stark verwüstet. Für ein Wiederaufbauprogramm für den Iran und Irak wurden mehr als 100 Milliarden Dollar veranschlagt. Es war zu befürchten, daß - zumindest solange es nur einen Waffenstillstand gab - die beiden Staaten zuerst ihre leeren Waffenarsenale auffüllen und sich erst dann um die wirklichen Probleme der Menschen kümmern würden. Die Waffenlieferanten haben in einem Umfange die beiden Staaten - vor allem den Irak - beliefert, daß nur zwei Jahre nach dem Waffenstillstand mit dem Iran der irakische Präsident Saddam Hussein sich stark genug fühlte, seine Truppen in Kuwait einmarschieren zu lassen. Ohne die weltweite Belieferung mit Rüstungsgütern wäre dies nicht möglich gewesen.

3.5 Petrodollars und Finanzmärkte: Überzogene Angst vor dem arabischen "Öl-Finanzkapital"

Die Ölpreisexplosionen der siebziger Jahre machten die OPEC- Staaten zu kapitalreichen Ländern. Trotz riesiger Investitions- und Infrastrukturprogramme, trotz einer gigantischen Verschwendung, trotz Waffengeschäften in einem bislang unbekannten Ausmaße - dennoch blieben Milliardenbeträge an Öleinnahmen übrig. Nach einer Schätzung der Bank von England lagen die Einnahmen der OPEC-Staaten in den Jahren 1973-83 um insgesamt mehr als 345 Milliarden Dollar über ihren Ausgaben. Diese Gelder wurden vor allem in Industriestaaten investiert und nur 58 Milliarden Dollar flossen an Entwicklungsländer. Die OPEC-Staaten wurden somit innerhalb nur weniger Jahre zu einem wichtigen Akteur an den internationalen Finanzmärkten, ein Akteur, der mit seinem schnellen Reichtum für Verunsicherung sorgte, weil befürchtet wurde, daß die

---

[36] Zu den Zahlenangaben siehe: Aziz Alkazaz, Die Ökonomie in Nahost seit den achtziger Jahren, in: Aussenpolitik 3/1988, S. 256-269, hier: S. 261 ff.

OPEC-Staaten nicht nur ihren Ölreichtum, sondern auch ihren Kapitalreichtum als politische Waffe einsetzen könnten.

Es kam dann ganz anders. Zum einen haben sich die OPEC- Staaten wie andere Akteure an den internationalen Kapitalmärkten verhalten und ihre Investitionen vor allem an ökonomischen und finanzwirtschaftlichen Kriterien ausgerichtet. Zum anderen hat der Zusammenbruch des Ölpreises in den achtziger Jahren ohne Zweifel die Auslandsinvestitionen insbesondere der Golfstaaten in beträchtlichem Maße beeinflußt.

So haben nach einem Bericht der Bank von England die Erdölländer seit 1986 ihre Finanzanlagen deutlich reduziert. Dennoch listet die Bank für Anfang 1988 Anlagen von Petrodollarüberschüssen in Höhe von 458 Milliarden Dollar auf. Hiervon waren 67 Milliarden Dollar in Großbritannien angelegt, 86 Milliarden Dollar in "anderen EG-Staaten, weitere 62 Milliarden Dollar in den USA und 59 Milliarden Dollar in Entwicklungsländern.[37]

Von dieser Entwicklung waren vor allem Saudi-Arabien und Kuwait betroffen: Beide Länder häuften in den Jahren 1973 bis 1983 Milliardenbeträge an Auslandsinvestitionen und Währungsreserven an und mußten ihr Engagement in den achtziger Jahren reduzieren. So fielen die Erdöleinnahmen Saudi-Arabiens - wie erwähnt - von 120 auf nur noch 20 Milliarden Dollar. Seit 1982 weist der saudische Haushalt ein Defizit auf, das sich alleine in den Jahren 1983-1987 auf 64 Milliarden Dollar summierte. Leistungsbilanzdefizite kamen hinzu. Als Konsequenz sind die saudischen Währungsreserven von einem Rekordniveau von 150 Milliarden auf nur noch etwa 30 Milliarden Dollar im Jahre 1988 gefallen. In welchem Um fange die Auslandsinvestitionen reduziert wurden, ist nicht genau bekannt. Mitte 1988 sah sich Saudi-Arabien sogar gezwungen, den ersten großen Kredit seit 25 Jahren aufzunehmen, um den Geldbedarf der Regierung zu decken; das Finanzloch war durch die Dollarschwäche und den Erdölpreisrückgang entstanden. Mit dem Angebot zinsloser Anleihen über insgesamt 1,5 Milliarden Rial suchte das Königreich einen Mittelweg

---

[37] Vgl.: Aus dem Quartalsbericht der Bank von England: Reduzierte Auslandsanlagen der Erdölländer, in: NZZ, 14./15.8.1988.

zwischen finanzpolitischen Notwendigkeiten und islamischem Recht zu gehen.[38]

Zur Bedeutung der Investitionen der OPEC-Staaten in den westlichen Industriestaaten und insbesondere in den USA schreibt Anthony Cordesman, die Golfstaaten "invested about $9 billion per year in the U.S. alone during 1980-1984, and private investment totaled billions more. Although U.S. Treasury figures are uncertain, Southern Gulf governmental investment in the U.S. peaked a $82 billion in early 1983, with $46 billion in U.S. government securities. Other sources report that Kuwait alone had over $95 billion invested in Europe and the United States, and the UAE had $55-60 billion. While this investment declined sharply during 1984-1988, as the result of the fall in oil revenues, and is likely to decline further until the early 1990s it will probably recover by the mid-1990s. It represents a major source of foreign investment in the West."[39]

Solche riesigen Investitionsbeträge haben in den siebziger und Anfang der achtziger Jahre Befürchtungen in den Industriestaaten aufkommen lassen, die Golfstaaten könnten die internationalen Finanzmärkte stören oder ihre Finanzinvestitionen brächten Gefahren für die OECD-Staaten, da die reichen Ölstaaten, vor allem Saudi-Arabien, Kuwait und VAE, ihre Investmententscheidungen nach politischen Kriterien treffen würden. Schließlich hatte Saudi-Arabien alleine Finanzinvestitionen angehäuft, die den Guthaben der größten Banken der Welt gleichkamen.

Nach einer sorgfältigen Analyse der OPEC-Investitionen in den Jahren 1974-1982 kommt Richard Mattione zu dem Ergebnis: "These analyses show that oil policy and development policy provide the main economic constraints within which financial factors (such as rates of return, diversification, and safety) can influence investment decisions. While it is conceivable that political concerns or a desire to strengthen OPEC's influence in oil markets might have overwhelmed economic and financial consideratons, the evidence shows they did not."[40]

---

[38] Vgl.: Saudi-Arabien begibt zinslose Anleihen, in: NZZ, 15.6.1988.

[39] Anthony H. Cordesman, The Gulf and the West, a.a.O., S. 30 f.

[40] Richard P. Mattione, OPEC's Investments and the International Financial System (Brookings Institution) Washington, D.C. 1985, S. 4.

Zur Bedrohung der westlichen Industriestaaten aufgrund der Finanzinvestitionen der OPEC-Staaten stellt Mattione fest: "OPEC's foreign assets, though considerable, pose little threat to American or Western interests. The investments have not led to significant control of any economic sector or of the funding sources of the financial sector. Any OPEC nation would have difficulty using its foreign investments to manipulate the West. The diversification of investments, the limits on how much can be quickly moved, the structure of financial markets themselves, and central bank procedures combine to limit the threat. Western nations also have some reverse leverage on OPEC because those OPEC members with the largest financial claims are most dependent on Western markets for maintaining the value of the investments."[41]

Für die achtziger Jahre liegen keine Anhaltspunkte vor, die auf einen Wandel dieser recht vorsichtigen und an ökonomischen Kriterien ausgerichteten Investitionsstrategie der Golfstaaten schließen ließen. Die Befürchtungen sind weiterhin unbegründet, weil selbst die drei großen Überschußländer ihre Finanzanlagen in den letzten Jahren reduziert haben. Dennoch bestehen diese Befürchtungen in einigen OECD-Staaten fort - wie das Beispiel Großbritannien zeigt.

Als es bei der Veräußerung des 31,5 prozentigen britschen Staatsanteils an BP aufgrund des Börsenkrachs im Oktober 1987 zu Schwierigkeiten kam, begann Kuwait über sein Kuwait Investment Office (KIO) eine Beteiligung an BP zu erwerben. Nachdem BP die Regierung darüber informierte, soll die Thatcher Regierung Kuwait zu verstehen gegeben haben, mit ihrer Beteiligung nicht über 20 Prozent hinauszugehen. Wenig später wurde bekannt, daß bereits 21,7 Prozent erreicht waren. Die Versicherung Kuwaits, den Anteil auf 20 Prozent zurückzunehmen und ein Stimmrecht über lediglich 14,9 Prozent auszuüben, konnte das britische Industrieministerium nicht befriedigen und es beauftragte die Monopolkommission, zu prüfen, ob das KIO-Engagement gegen die nationalen britschen Interessen verstöße. Die Kommission bejahte diese Frage. Daraufhin forderte die britische Regierung das KIO auf, seine 21,7 prozentige Beteiligung an BP auf rund zehn Prozent zu halbieren. In diesem Zusam-

---

[41] Richard P. Mattione, OPEC's Investments, a.a.O., S. 58.

menhang wurden Schätzungen bekannt, die KIO-Anlagen würden 100 Milliarden Dollar übersteigen.[42]

3.6 Erfahrungen der achtziger Jahre: Von Abhängigkeit zu Interdependenz

Die Ölversorgung der OECD-Staaten war in der zweiten Hälfte der achtziger Jahre so sicher und so preisgünstig wie seit der ersten Energiekrise 1973/1974 nicht mehr. Öl wurde im Überfluß gefördert. Trotz wieder steigender Nachfrage blieb der Preis je Barrel Rohöl unter 20 Dollar. Die Zeiten der einseitigen Abhängigkeit der Industriestaaten von den OPEC-Staaten - wie dies insbesondere in den beiden Ölpreisexplosionen deutlich wurde - schienen vorüber zu sein - viele glaubten es und hofften darauf. Selbst langjährige politische Konflikte wie der Krieg zwischen dem Irak und Iran oder der Tankerkrieg im Golf haben in den achtziger Jahren die Ölversorgung aus den Golfstaaten nicht wesentlich vermindert und zu keiner neuerlichen Energiekrise geführt.

Dennoch blieb es eine Tatsache: Die Industriestaaten waren zu einem wesentlichen Teil von der Ölversorgung aus den Golfstaaten abhängig. Und diese Abhängigkeit mußte weiter zunehmen, solange der Ölverbrauch anstieg und neue Energieressourcen nicht zur Verfügung standen. Angesichts der Bedeutung des Erdöls für die Industriegesellschaften und angesichts der Tatsache, daß es für das Öl in vielen Bereichen noch keinen Ersatz gibt und daß die Ölreserven der OECD-Staaten bis zum Ende des Jahrhunderts aufgebraucht sein könnten, konnte es jedoch keinen Zweifel daran geben, daß die Ölversorgung aus den Golfstaaten - sie haben riesige Ölvorkommen und können die Ölförderung nahezu beliebig ausweiten - für die OECD-Staaten von zentraler Bedeutung war und weiter an Bedeutung zunehmen wird. An dieser grundsätzlichen Feststellung hat sich in den achtziger Jahren nichts geändert, obwohl der sinkende Ölpreis in der zweiten Hälfte der achtziger Jahre viele Industriestaaten glauben machte, der Ölmarkt sei wieder auf Dauer zu einem Käufermarkt geworden. Dies war ein Irrtum. Der vorübergehende Ölüberfluß auf den Märkten konnte die Abhängigkeit der

---

[42] Zu den Zahlenangaben siehe: SZ, 2.1.1988; NZZ, 6.5.1988; DIE WELT, 5.10.1988.

Industriestaaten nur zeitweise überdecken, aber nicht grundlegend abändern.

In den achtziger Jahren hat sich jedoch eine zweite Abhängigkeit herausgebildet, nämlich jene der Golfstaaten von den Industriestaaten. Das ist das Neue: Es gibt nun eine Art Interdependenz zwischen den beiden Staatengruppen. Dies ist eine positive Entwicklung, die für die neunziger Jahre neue Möglichkeiten eröffnen sollte. Zu dieser Abhängigkeit der Golfstaaten schreibt Anthony Cordesman:

"At the same time, the Southern Gulf states are dependent on the West's ability to pay for its oil imports and on Western exports. While they may have Arab and Islamic culture, their economies are tied to the West and not to the Arab world. Their societies have also become structurally dependent on the West for a wide spectrum of goods and services, ranging from food and most consumer goods to most development activity. When the Gulf states earn a cash surplus from their oil exports, they also must turn to the West for productive investment."[43]

Während in den achtziger Jahren einerseits die Ölversorgung aus dem Mittleren Osten gesichert war - und dies bei sinkenden Ölpreisen -, gleichzeitig sich eine stärkere Interdependenz zwischen Industrie- und Golfstaaten herausbildete, so wurden andererseits ebenfalls die Weichen gestellt für eine dritte Energiekrise.

Die grundsätzlichen Fehler seien im Jahre 1986 gemacht worden - so die Meinung der Experten der 'Energie-2000-Studie': "When historians reflect on the latter half of the twentieth century, three years - 1973, 1979 and 1986 - will be seen as landmarks that transformed the world economic and political system. While the significance of the first two dates is obvious, in 1986 the United States and much of the rest of the industrialized world forgot the energy lessons of the 1970s. With gasoline and home heating fuel prices at the lower levels in thirteen years and with an Administration

---

[43] Anthony H. Cordesman, The Gulf and the West, a.a.O., S. 38.

addicted to the wisdom of the marketplace, consumers and their governments have been lulled into complacency."[44]

Die Entwicklungen in der zweiten Hälfte der achtziger Jahren sprechen eine deutliche Sprache: der Ölverbrauch der Industriestaaten stieg, die Öleinfuhren aus den Golfstaaten nahmen ebenfalls zu, die heimische Produktion stagnierte oder sank - vor allem in den USA -, neue Ölexplorationen waren bei einem Ölpreis von weniger als 30 Dollar je Barrel unwirtschaftlich und unterblieben, billiges Öl verhinderte ebenfalls die Forcierung von Alternativenergien und machte es schwer, Energiesparmaßnahmen durchzusetzen. Gleichzeitig mußte davon ausgegangen werden, daß die Ölvorkommen der Industriestaaten bis zur Jahrhundertwende aufgebraucht sein würden während der Anteil der OPEC-Staaten von drei Viertel der bekannten Welterdölreserven bis zum Jahre 2000 auf vier Fünftel ansteigen wird.

Die verschiedenen Entwicklungen in den achtziger Jahren liefen auf einen weiteren Anstieg der Ölimportabhängigkeit der Industriestaaten hinaus, und zwar insbesondere von Staaten des Mittleren Ostens. Die Frage war deshalb: Wird es in den neunziger Jahren zu einer dritten Energiekrise kommen? Werden die Golfstaaten ein neues mächtiges Kartell aufbauen und die Möglichkeit erhalten, die Energiesicherheit der Industriestaaten und damit ihre ökonomische, soziale und politische Stabilität zu gefährten?

Es gab zwei Gruppen von Antworten auf diese Fragen. Die eine Denkschule argumentierte wie folgt: Öl hat seinen besonderen Charakter als strategisches Gut verloren und wurde zu einem normalen Gut, dessen Preis nach Angebot und Nachfrage festgelegt wird. Da das Ölangebot reichlich sei und in den kommenden Jahren bliebe, könne davon ausgegangen werden, daß der Ölpreis sich auf einem Niveau von 17-23 Dollar je Barrel einpendeln würde. Die Entwicklung der achtziger Jahre habe dies gezeigt. Zudem gäbe es jetzt mehr Ölanbieter als in den siebziger Jahren, der Anteil des Öls am Energieverbrauch sei geringer und die Energiemärkte seien wesentlich verschieden von jenen der siebziger

---

[44] Robert Belgrave, Charles K. Ebinger and Hideaki Okino (eds), Energy Security To 2000, Boulder, Col. 1987, S. 261.

Jahre. Es seien deshalb keine besonderen Maßnahmen im Hinblick auf die Energiesicherheit der Industriestaaten erforderlich.

Auf den Einwand, Rohöl sei jedoch eine endliche Ressource, die nicht ersetzt werden kann, wurde geantwortet, die bekannten Weltölreserven reichten beim heutigen Verbrauch noch für vier Jahrzehnte - und bis dahin würde man andere Rohöllagerstätten gefunden oder Alternativenergien entwickelt haben. Aus dieser Sicht waren die siebziger Jahre die Ausnahme - und die Welt war in den achtziger Jahren wieder zur Normalität zurückgekehrt.

Die zweite Denkschule widersprach dieser Auffassung vehement. Ihre Vertreter argumentierten, eine neue Energiekrise sei in den neunziger Jahren nahezu sicher, falls die Entwicklungen in den Ölverbraucherländern nicht umgekehrt würden. Bei weiter steigendem Ölkonsum und verminderter Ölförderung in den OECD-Staaten, könnte dieses zusätzlich benötigte Öl in den neunziger Jahren nur aus den Golfstaaten kommen, die bereits jetzt drei Viertel der Weltölreserven besäßen und über 80 Prozent der freien Ölkapazitäten der Welt verfügten. Daß diese Staaten heute ihre Ölpolitik nach ökonomischen Kriterien ausrichten, bedeute nicht, daß dies auch in den neunziger Jahren der Fall sein müsse. Jeder Umsturz in einem Golfstaat könne die Lage ändern und ein für den Westen unfreundliches Regime an die Macht bringen. Nach dem Ende des iranisch-irakischen Krieges sei ferner damit zu rechnen, daß der israelisch-arabische Konflikt wieder an Bedeutung gewönne. Schließlich sei Öl eine endliche Ressource von der die OECD-Staaten nicht viel besäßen, so daß bei zu Ende gehenden eigenen Ölreserven die Abhängigkeit von den Golfstaaten in den neunziger Jahren automatisch ansteigen müßte.

Daraus ergaben sich nach dieser Denkschule eine Reihe von Konsequenzen: Erstens, der Ölverbrauch müßte wesentlich eingeschränkt werden, und zwar um die Abhängigkeit von Ölimporten nicht weiter ansteigen zu lassen , um den endlichen und sehr wertvollen Rohstoff Öl - der z.B. im Transportwesen immer noch nicht ersetzt werden kann - verantwortungsvoll zu verwenden und nicht zu verschleudern, und schließlich, um Umweltgesichtspunkten - wie Luftverschmutzung und Treibhauseffekt - Rechnung zu tragen; demnach müßte striktes Energiesparen die Devise sein und nicht sorgloser Ölkonsum. Zweitens müßten Strukturveränderungen in den Industriestaaten dafür sorgen, daß bei reduziertem Öl- und Energieverbrauch der Lebensstandard dennoch anstiege.

Drittens sei es wichtig, die in der zweiten Hälfte der achtziger Jahre vorherrschende Ruhe auf den Ölmärkten zu nutzen, die bereits vorhandenen Elemente einer positiven Interdependenz zwischen den Golfstaaten und den Industrieländern qualitativ und quantitativ so auszubauen, daß beide Staatengruppen ein großes Interesse daran haben müßten, eine neuerliche Energiekrise zu vermeiden. Ein weiteres Zuwarten könne die Lage nur verschlechtern. Eine Politik nach der Devise 'We shall cross the bridge when we get there' sei eine verantwortungslose Politik, die zwar kurzfristig vorteilhaft wäre, aber mittel- und längerfristig auf große Probleme hinsteuern würde und eine dritte Energiekrise mitzuverantworten habe.

So hat Daniel Yergin im Herbst 1988 die Industriestaaten und insbesondere die USA in aller Deutlichkeit aufgefordert, die Ruhe und günstige Lage auf dem Ölmarkt zu nutzen, um eine verantwortungsbewußte und längerfristig angelegte Energiepolitik zu verabschieden und durchzusetzen. Wörtlich stellte er fest: "The present period of calm provides an opportunity to make a series of commitments that will enhance the longterm position of oil consumers. Experience, caution and simple self-interest all dictate reasonable attention to energy security. ... It will be remarkable if we get to the end of the 1990s without our energy security being tested by political or technical crises."[45]

Diese neuerlichen Herausforderungen für die Energiesicherheit der Industriestaaten kamen schneller als wohl auch Daniel Yergin erwartete. Schon im Sommer 1990 hat Saddam Hussein dem Westen die Gefahren der hohen Ölabhängigkeit aus dem Mittleren Osten vor Augen geführt und die westlichen Industriestaaten - allen voran die USA - aus ihrer jahrelangen energiepolitischen Gleichgültigkeit gerissen. Es war wiederum eine politisch-militärische Krise im Mittleren Osten, die für die Industriestaaten zuallererst eine Bedrohung ihrer Energiesicherheit brachte.

---

[45] Daniel Yergin, Energy Security in the 1990s, in: FA, Fall 1988, S. 110-132, hier: S. 112 und S. 137.

4. KUWAIT-KRISE UND WESTLICHE ENERGIESICHERHEIT

Mit dem irakischen Überfall auf Kuwait am 2. August 1990 hatte Präsident Saddam Hussein zumindest vorübergehend fast 20 Prozent der globalen Erdölreserven unter seine Kontrolle gebracht. Nur Saudi-Arabiens Anteil war zu diesem Zeitpunkt mit 25 Prozent noch größer. Zwar entfielen bei Ausbruch der Kuwait-Krise auf den Irak und Kuwait zusammen nur etwa sieben Prozent der weltweiten Erdölproduktion, dennoch waren die Gefahren für die westlichen Industriestaaten offensichtlich: Der Diktator Saddam Hussein war dabei, sich ein Ölmonopol zu verschaffen mit dem Ziel, den westlichen Industriestaaten aufgrund ihrer Erdölabhängigkeit den Ölpreis zu diktieren. In diese Lage hätte er kommen können, falls es ihm gelungen wäre, nicht nur Kuwait, sondern auch die Ölfelder Saudi-Arabiens sowie die Golf-Emirate dem Irak einzuverleiben.

Die Staaten des Mittleren Ostens hätten Saddam Hussein nicht daran hindern können, die militärische Expansion des Iraks voranzutreiben. Es waren die Gefahren für ihre Ölversorgung und damit für ihre Energiesicherheit, die die USA und ihre Verbündeten - aber auch viele andere Staaten - dazu brachten, sich rasch und massiv im Mittleren Osten zugunsten der bedrohten ölreichen Golfstaaten zu engagieren.

4.1 Irakische Invasion Kuwaits

Präsident Saddam Hussein hatte mit dem irakischen Überfall auf Kuwait am 2. August 1990 den ersten weltweiten Konflikt der "Nach-Kalte-Kriegs-Zeit" heraufbeschworen und Reaktionen ausgelöst, die noch wenige Monate vorher undenkbar waren. Saddam Hussein setzte die Frage nach einer neuen Weltordnung auf die Tagesordnung, führte der gesamten Welt die Gefahren einer neuerlichen kriegerischen Auseinandersetzung im Mittleren Osten vor Augen, zeigte überdeutlich die Auswirkungen von ungezügelten Waffenexporten auf und erschütterte schließlich das politische Fundament vieler Staaten im Mittleren Osten.

4.1.1 Zur Vorgeschichte des irakischen Überfalls

Die irakische Invasion Kuwaits hatte eine Vorgeschichte,[1] die nicht nur in den Nachbarstaaten des Iraks, sondern auch in Washington und London und anderen Hauptstädten nicht zu der erforderlichen klaren Reaktion geführt hatte, da diese deutlichen Signale nicht zur Kenntnis genommen oder falsch bewertet wurden.[2] Es ging dabei um die neue Rolle, die Saddam Hussein in der Zeit von Februar bis Ende Juli 1990 für den Irak in der arabischen Staatengemeinschaft erkämpfte. Der Economist meint, daß es vor allem fünf Ereignisse waren, die von den Beobachtern falsch eingeschätzt wurden.

Das erste dieser "Fehlurteil-Ereignisse" war das vorzeitig abgebrochene Treffen der Staaten des Arab Co-operation Council (ACC) im Februar 1990 in Amman. Der Grund für den Abbruch war die Verärgerung des ägyptischen Präsidenten Mubarak über eine Rede Präsident Saddam Husseins, die am 24. Februar im jordanischen Fernsehen gesendet wurde. In seiner Rede ging Saddam Hussein auf die Veränderungen für die Staaten des Mittleren Ostens aufgrund des Zerfalls der Weltmacht Sowjetunion ein und warnte vor der Gefahr, daß nunmehr die USA die Golfstaaten von außen steuern und den Ölpreis nach den amerikanischen Interessen festlegen würde. Er forderte deshalb, die im Westen investierten arabischen Ölgelder so einzusetzen, um eine Änderung der amerikanischen Politik zu bewirken. Für Mubarak kam dies nicht in Frage, denn schließlich sind die Vereinigten Staaten der großzügigste Förderer Ägyptens.

Das zweite Ereignis fand am 2. April 1990 statt: Saddam Hussein verkündete voller Stolz, Irak besäße nun hochentwickelte chemische Waffen - und drohte damit in unmißverständlicher Weise Israel. Zumindest in Israel kam dieses Signal laut und klar an. So wurde von israelischer Seite

---

[1] Zur aktuellen Krise gibt es auch eine längere Vorgeschichte: Kuwait wurde im Juni 1961 ein souveräner Staat. Doch schon damals mußten britische Truppen Kuwait vor einem irakischen Überfall beschützen. Der Irak hat das Grenzabkommen zwischen den beiden Staaten nie unterzeichnet; verschiedene Abschnitte der gemeinsamen Grenze sind nie klar definiert worden; Irak hatte zum letzten Mal im Jahre 1973 erfolglos versucht, eine Invasion Kuwaits durchzuführen. Zur Geschichte Kuwaits siehe ausführlicher: Christian J. Stöger, Kuwait. Öl, Macht und Ohnmacht, Wien 1990.

darauf hingewiesen, daß ein irakischer chemischer Angriff zu einer nuklearen Antwort Israels führen könnte.[3]

Das dritte Ereignis fand zwei Monate später, Ende Mai, in Bagdad statt. Beim Treffen der Arabischen Liga drohte Saddam Hussein - was erst später bekannt wurde - jenen arabischen Ölstaaten, die nach seiner Meinung durch ihre zu hohe Ölproduktion für einen niedrigen Ölpreis verantwortlich seien. Dies war der Streitpunkt vor allem mit Kuwait und den VAE, die ihre OPEC-Quoten nicht einhielten. Für den Irak ging es um ein ökonomisches Problem erster Ordnung: Irak war aufgrund des Krieges mit Iran mit über 70 Milliarden Dollar, davon fast 40 Milliarden Dollar von arabischen Nachbarstaaten, hoch verschuldet und benötigte zusätzliche Einnahmen zum Wiederaufbau des nach dem achtjährigen Krieg zerstörten Landes.[4] Jede Ölpreissenkung um einen Dollar bedeutete jedoch einen Einnahmeverlust von einer Milliarde Dollar pro Jahr für den Irak.

Mit dem vierten Ereignis war die irakische Invasion schon in Sichtweite gerückt: Am 17. Juli wiederholte Saddam Hussein öffentlich in einer Rede zum Revolutionstag die Vorwürfe gegenüber Kuwait und den VAE in aller Deutlichkeit. Er nannte sie Agenten der Imperialisten, für die sie den Ölpreis niedrig hielten. Der Ölpreis war von Januar bis Mitte Juni von 22 auf 15 Dollar je Barrel gefallen. Für den Irak bedeutete dies einen

---

[2] Siehe hierzu die detaillierten Ausführungen des Economist: Kuwait: How the West blundered. The signals that were sent - and the one that wasn't, in: The Economist, 29. September 1990, S. 17-20.

[3] Siehe ebenda: "The second signal had been received loud and clear." Wie das Wall Street Journal im Oktober zu berichten wußte, war dieses Signal auch in Washington richtig eingeschätzt worden. Als Konsequenz wurden vom Außenministerium Sanktionsmaßnahmen gegen den Irak vorbereitet, die jedoch in den folgenden Wochen in der Bürokratie hängengeblieben seien. Vier Monate später schickte Saddam Hussein seine Truppen los, ohne daß vorher auch nur Sanktionen von amerikanischer Seite angedroht worden seien. Siehe hierzu: Robert S. Greenberger, How a U.S. program of early Iraq sanctions failed to materialize, in: WSJ, 2.10.1990.

[4] Zur Größenordnung der Zerstörungen und Verluste des Irak im Krieg mit dem Iran schreibt Amatzia Baram: "The Iraqi estimate of the total economic loss due to destruction, the loss of oil revenues and military expenses amounted to $208 billion, the equivalent of six whole years of GNP. In the war Iraq had lost some 130,000 people in dead and roughly twice that number were wounded. Some 70,000 more were taken prisoner of war. For a nation of 16 million people this was a heavy price to pay." Amatzia Baram, The Iraqi invasion of Kuwait: Causes and stages, paper delivered at the International Seminar on Iraq under the Ba'th, Haifa University, 26-29. Mai 1991, S. 1.

Einnahmeausfall von sieben Milliarden Dollar. Zudem bezichtigte Saddam Hussein Kuwait, aus einem irakischen Ölfeld Erdöl im Wert von 2,4 Milliarden Dollar gestohlen zu haben. Dieser und weitere Vorwürfe waren in einem Brief des irakischen Außenministers an die Arabische Liga enthalten. Die Vorwürfe waren so deutlich vormuliert und vorgetragen worden, daß der Economist damals schrieb: "His speech, and his foreign minister's letter, sound alarmingly like a pretext for invasion."[5] Es folgten hektische diplomatische Aktivitäten verschiedener arabischer Staaten, die jedoch den Konflikt nicht lösen konnten.

Das fünfte und letzte Ereignis vor der Invasion fand am 24. Juli statt: Irak verlegte zwei Divisionen seiner Armee an die Grenze zu Kuwait.[6] Einen Tag später, am 25. Juli, hatte die amerikanische Botschafterin April C. Glaspie ihre vor allem im Herbst 1990 oft zitierte und heftig kritisierte Unterredung mit Saddam Hussein und versäumte es dabei, den irakischen Präsidenten in eindeutiger Form vor einer Invasion Kuwaits zu warnen.[7]

---

[5] Siehe: Saddam's Gulf of threats, in: The Economist, 21. Juli 1990, S. 49-50, hier: S. 49. Siehe dort ausführlicher zu den Vorwürfen und zum Ablauf.

[6] Siehe: Der Irak mobilisiert Truppen, in: SZ, 25.7.1990; und: Der Irak beharrt auf Entschädigung, in: FAZ, 26.7.1990.

[7] Der Irak veröffentlichte Teile dieser Unterredung, die diesen Eindruck entstehen ließen. Die frühere Botschafterin Glaspie betonte stets, daß die irakische Darstellung der Unterredung zwischen ihr und Saddam Hussein zum Zweck der Irreführung manipuliert worden sei; und zudem habe sie in dieser Unterredung mit Saddam Hussein die herrschende amerikanische Politik dargelegt. Daraus folgte für manche Beobachter, daß die Verantwortung für diese außenpolitischen Fehler bei James Baker gelegen hätte. Dieser Logik folgend forderte die Washington Post schon im Oktober 1990 James Baker auf: "Please Resign". Dabei wurde auf das Beispiel des britischen Außenministers Lord Carrington verwiesen, der beim Falkland-Krieg in ähnlicher Situation die politische Verantwortung für eine falsche Politik übernommen hätte und folgerichtig zurückgetreten sei. (Siehe: Michael Kinsley, James A. Baker, Please Resign, in: WP, 18.10.1990.) Erst im März 1991 erhielt Frau Glaspie mit Genehmigung von James Baker die Gelegenheit, vor den außenpolitischen Ausschüssen in beiden Häusern des Kongresses ihre Version der umstrittenen Unterredung mit Saddam Hussein darzulegen. Dabei mußte sie einräumen, den vielzitierten Satz aus dem irakischen Protokoll tatsächlich geäußert zu haben, nämlich die USA hätten "keine Meinung zu innerarabischen Konflikten wie dem irakischen Grenzstreit mit Kuwait". Frau Glaspie sagte weiter aus, daß sie - und ebenso das State Department - in den Tagen nach ihrer Unterredung mit Saddam Hussein davon überzeugt war, der Höhepunkt der Krise sei überstanden gewesen. Am 30. Juli verließ sie deshalb Bagdad, um in Washington Konsultationen zu führen. Dort erfuhr sie dann am 2. August vom Einmarsch irakischer Truppen in Kuwait. (Siehe: Washingtons Politik vor dem Überfall auf Kuwait. Anhörung der Botschafterin in Bagdad vor dem Kongress, in: NZZ, 23.3.1991.) Im Oktober 1990 be-

Die amerikanische Regierung ging wie andere Staaten davon aus, Saddam Hussein wolle mit der Truppenverlagerung nur politischen Druck auf Kuwait ausüben, bei der bevorstehenden OPEC-Sitzung mehr Flexibilität zu zeigen. Tatsächlich konnte der Irak auf der OPEC-Konferenz am 27. Juli in Genf einen Teilerfolg erzielen: Die OPEC erhöhte den Richtpreis um drei auf 21 Dollar - Saddam Hussein hatte 25 Dollar gefordert - und senkte gleichzeitig die Ölproduktion. Doch Saddam Hussein wollte mehr: er wollte 2,4 Milliarden Dollar von Kuwait für das "gestohlene Öl", er wollte Land von Kuwait, insbesondere die beiden Inseln Bubiyan und Warba, und er wollte einen teilweisen oder völligen Verzicht Kuwaits auf die zehn Milliarden Dollar an Krediten, die Kuwait dem Irak zur Finanzierung des Krieges mit Iran gewährte. So haben Irak und Kuwait noch am 31. Juli in Jeddah über diese Probleme gesprochen, doch schon nach zwei Stunden kam es zum Abbruch der Gespräche. Die Irakis warfen den Kuwaitis vor, sie wollten nicht ernsthaft über einen Schuldenverzicht sprechen und lehnten es ab, über die irakischen Gebietsansprüche zu verhandeln.[8] Die Kuwaitis andererseits sahen das irakische Verhalten als eine bewußte Provokation an, auf die man nicht eingehen durfte.

Wahrscheinlich sind beide Erklärungen richtig, doch die Regierung von Kuwait handelte auf der Basis einer kapitalen politischen Fehleinschätzung, nämlich der Annahme, Saddam Hussein würde nur drohen und eine irakische Invasion stünde nicht bevor. Sicherlich haben auch andere Staaten die politische Lage falsch eingeschätzt, so zum Beispiel einige arabische Nachbarstaaten - vor allem auch Ägypten, dessen Präsident Hosni Mubarak im Streit zwischen dem Irak und Kuwait zu vermitteln versuchte und von Saddam Hussein die Zusage erhielt, es würde keine irakische Invasion geben - und, wie erwähnt, die Vereinigten Staaten, doch es war Kuwait und vor allem das kuwaitische Volk, das für diese politische Fehleinschätzung den größten Preis in Form materieller Ver-

---

richtete das Wall Street Journal über geplante fehlgeschlagene amerikanische Sanktionsmaßnahmen gegen den Irak. Es wurde jedoch nicht klar, ob dies nur ein Versuch der Administration war, die eigenen Fehler zu vertuschen. Siehe hierzu: Robert S. Greenberger, How a U.S. program of early Iraq sanctions failed to materialize, in: WSJ, 2.10.1990. Für eine ausführliche und kritische Darstellung der amerikanischen Politik in den letzten Tagen vor und in den Monaten nach der irakischen Invasion Kuwaits siehe: Pierre Salinger und Eric Laurent, Guerre du Golfe - Le Dossier Secret, Paris 1990; (deutsche Ausgabe: Krieg am Golf, Frankfurt 1991). Die beiden Journalisten nähren mit ihrem Buch tiefe Zweifel, ob Saddam Hussein nicht auch mit anderen Mitteln hätte zur Räson gebracht werden können.

luste und insbesondere menschlicher Leiden bezahlen mußte. Es bleibt unverständlich, warum die kuwaitische Regierung - zumal sie von der Ernsthaftigkeit der irakischen Invasionspläne wußte[9] - bis zum Schluß abwartete, keine effektiven Schutzmaßnahmen gegen einen irakischen Überfall ergriff und auch Ende Juli noch den irakischen Herrscher Saddam Hussein mit einer überheblichen Gläubigermanier weiter provozierte statt auf Zeit zu spielen, um die aktuelle Situation zu entschärfen und einen friedlichen Ausgleich zu ermöglichen.

Das passive Zuwarten der kuwaitischen Regierung war aus zwei Gründen falsch und kaum nachvollziehbar. Zum einen hat die Regierung in Kuwait City die lehrreichen Erfahrungen völlig außer acht gelassen, die Kuwait nur drei Jahre vorher im Rahmen des sogenannten "Tankerkrieges" machen mußte. Zum anderen waren zumindest drei der vom Irak aufgelisteten Probleme politisch klärungsbedürftig.

Die Erfahrungen aus dem Tankerkrieg hätten die Regierung Kuwaits bewegen müssen, sich rechtzeitig um einen möglichst internationalen Beistand gegen die irakische Aggression zu bemühen. Damals bei der zweiten Runde des Tankerkrieges in den Jahren 1986-87 intensivierten sowohl Irak als auch Iran die Angriffe gegen den Tankerverkehr im Golf, um die Ölexporte zu verringern und damit die ökonomische Basis des jeweiligen Gegners im iranisch-irakischen Krieg zu schwächen. So versuchte der Irak, den iranischen Öl-Verladehafen Kharg zu zerstören und den Ölexport von dort nach Süden zu unterbinden. Als Antwort verstärkte der Iran "den Seekrieg gegen arabische, vor allem kuwaitische Tanker, um diese Staaten zur Einstellung ihrer finanziellen und logistischen Unterstützung für Bagdad zu zwingen."[10] Kuwait hatte keine Möglichkeiten, auf diese Herausforderung angemessen zu reagieren. Deshalb wandte sich die kuwaitische Regierung im November 1986 an die

---

[8] Siehe hierzu: Goodbye Kuwait, in: The Economist, 4. August 1990, S. 37-38.

[9] So wurde nach dem Ende des Kuwait-Krieges bekannt, daß die kuwaitische Botschaft in Bagdad in den Wochen und Monaten vor der irakischen Invasion die eigene Regierung über die Ernsthaftigkeit der irakischen Pläne einer Militäraktion in aller Deutlichkeit unterrichtet hatte. Siehe hierzu: William Claiborne, Officer Says Kuwait Knew of Iraqi Plan, in: IHT, 8.3.1991.

[10] Hanns W. Maull, Der iranisch-irakische Krieg, in: IP 1987-1988, München 1990, S 265-277, hier: S. 270.

ständigen Mitglieder des UN-Sicherheitsrates und bat diese um internationalen Geleitschutz für seine Tanker.

Im März 1987 sagte die Sowjetunion der kuwaitischen Regierung ihre Unterstützung zu, und zwar "vermietete" sie drei sowjetische Schiffe an Kuwait und ließ sie von einem kleinen sowjetischen Kontingent militärisch eskortieren.[11] Daraufhin erklärten sich dann auch die Vereinigten Staaten bereit, sich aktiv im Golf zu engagieren: Die USA erlaubten Kuwait, die Hälfte der kuwaitischen Flotte, elf Tanker, unter amerikanischer Flagge fahren zu lassen und schickten zu ihrem Schutz eine große Armada von Kriegsschiffen in den Golf. Im Sommer 1987 war der Tankerkrieg im vollen Gange. So waren bis Juni 1987 bereits 244 Schiffe (meist Tanker) von Iran und Irak angegriffen worden; während des iranisch-irakischen Krieges wurden etwa 500 Tanker angegriffen und beschädigt. Im Laufe des Sommers 1987 wurden die amerikanischen Marineverbände durch Einheiten der europäischen NATO-Partner verstärkt, vor allem weil die amerikanische Regierung darauf drängte und es den US-Kriegsschiffen an Minenräum-Kapazitäten mangelte.[12]

Der Tankerkrieg brachte drei fundamentale Veränderungen: Erstens, es gelang dem Irak, das Ziel zu erreichen, das er bereits im Jahre 1984 bei der ersten Runde des Tankerkrieges verfehlte, nämlich eine Internationa-

---

[11] Siehe hierzu ausführlicher: Helmut Hubel, Die sowjetische Nahost-Politik unter Gorbatschow, in: EA, 10/1988, S. 277 ff., hier: S. 282 f.

[12] Nach anfänglichem Zögern haben Großbritannien, Frankreich, Belgien, Italien und die Niederlande Spezialschiffe in den Persischen Golf entsandt. Auf dem Höhepunkt westlicher Marinepräsenz im November und Dezember 1987 umfaßte die westliche Flotte im Golf insgesamt 48 Kriegsschiffe; gleichzeitig waren sechs Schiffe der Sowjetunion im Golf. Die Bundesrepublik verlegte in diesem Zusammenhang erstmals vier Kriegsschiffe mit 740 Mann Besatzung ins Mittelmeer, um dort die USA zu entlasten; eine Verlegung deutscher Kriegsschiffe in den Golf wurde mit dem Hinweis auf die Regelungen des Grundgesetzes abgelehnt. In einer ähnlich schwierigen verfassungsmäßigen Situation wie die Bundesrepublik befand sich Japan (Artikel 9 der japanischen Verfassung verbietet eine japanische Armee, deshalb besitzt Japan nur "Selbstverteidigungs-Streitkräfte"), das zudem noch unter enormen amerikanischen politischen Druck war, sich an den Aktionen im Golf auf Seiten der Alliierten zu beteiligen. Nach monatelangen Auseinandersetzungen zwischen den USA und Japan und nach Wochen des Zauderns hat die Regierung in Tokio ein "Golf-Paket" beschlossen, das vor allem japanische Finanzleistungen vorsah. Die Nakasone-Regierung hat zwar die Entsendung von Minensuchbooten und Küstenschiffen erwogen, dann aber abgelehnt. Siehe hierzu ausführlicher in Kapitel 3.1.3. Sowohl Japan als auch die Bundesrepublik haben nach dem Kuwait-Krieg ihre Politik geändert und im Frühjahr 1991 Minensuchboote in den Persischen Golf verlegt.

lisierung des Golf-Krieges. Damit war, zweitens, eine direkte Beteiligung der beiden Supermächte am Golf-Krieg verbunden;[13] so wurden die USA zu einem aktiven, hochgerüsteten und technologisch weit überlegenen Gegner des Iran und haben vor allem bei den Seegefechten im April 1988 der iranischen Regierung ihre ausweglose Situation vor Augen geführt und haben damit wohl mitentscheidend dazu beigetragen, daß der Iran am 18. Juli 1988 die Waffenstillstands-Resolution des UN-Sicherheitsrates akzeptierte.[14] Und drittens zeigte sich überdeutlich, daß die kleinen Öl-Scheichtümer am Golf gegen die Militärmächte der Region Iran und Irak schutzlos und auf Hilfe von außen angewiesen sind.

Für die Regierung Kuwaits war diese Lektion wohl nicht schmerzhaft genug - oder sie wollte aus dem Tankerkrieg keine Lehren ziehen. Zwar gab es im Juli 1990 gemeinsame Manöver amerikanischer und kuwaitischer Marineeinheiten vor der Küste Kuwaits, doch diese Aktivitäten haben Saddam Hussein nicht beeindruckt und ihn - wie Kuwait bald darauf erfahren mußte - nicht von seinen Angriffsplänen abgebracht; dazu trug die amerikanische Botschafterin in Bagdad, April Glaspie, bei, die - wie bereits erwähnt - bei ihrer Unterredung mit Saddam Hussein dem irakischen Herrscher den Eindruck vermittelte, die USA würden sich aus dem irakisch-kuwaitischen Streit heraushalten.

Bei den sich in der ersten Hälfte des Jahres 1990 phasenweise verschärfenden Auseinandersetzungen zwischen dem Irak und Kuwait ließ die kuwaitische Regierung nicht nur die Erfahrungen aus dem Tankerkrieg unberücksichtigt, sondern hat sich auch im Hinblick auf drei der von Saddam Hussein aufgelisteten Probleme zumindest stur, geizig und politisch unklug gezeigt, und zwar insbesondere beim Problem der OPEC-Quoten, bei der ungeklärten Frage der Ausbeutung eines gemeinsamen Ölfeldes und beim Problem der irakischen Verschuldung gegenüber Kuwait.

---

[13] Siehe hierzu ausführlicher: Hanns W. Maull, Die Internationalisierung des Golf-Krieges, in: EA, 19/1987, S. 533-542.

[14] Bei diesen Seegefechten, die den Höhe- und Endpunkt der militärischen Zusammenstöße zwischen iranischen und amerikanischen Truppen bildeten, kam es am 3. Juli 1988 - wie bereits erwähnt - zum tragischen Abschuß eines iranischen Zivilflugzeuges durch das amerikanische Kriegsschiff Vincenss, dem 290 Menschen zum Opfer fielen.

Am Ende des irakisch-iranischen Krieges war der Irak hoch verschuldet und benötigte Milliardenbeträge für ein Wiederaufbauprogramm. Zusätzliche Einnahmen konnten jedoch nur über Ölexporte erzielt werden. In dieser Situation setzte Kuwait seine Politik der Nichtbeachtung seiner OPEC-Ölquote fort und trug mit seiner Überproduktion im Frühjahr 1990 dazu bei, daß der Ölpreis bis auf 15 Dollar fiel. Das reiche Kuwait war damit mitverantwortlich für Einkommensverluste relativ armer OPEC-Staaten wie dem Irak. Saddam Hussein verstärkte im Frühjahr 1990 kontinuierlich den politischen Druck auf Kuwait, seine Ölförderung zu drosseln. Erst Ende Juli 1990 gab Kuwait auf der OPEC-Konferenz in Genf nach und akzeptierte eine niedrigere Öl-Quote. Dies war fünf Tage vor der Invasion.

Beim Problem der Aufteilung des gemeinsamen Ölfeldes Ramaila verhielt sich die kuwaitische Regierung ebenfalls zumindest politisch unklug. Wo auch immer sich Kohle-, Erz- oder Öl-Lagerstätten über das Gebiet von zwei Staaten erstrecken, müssen diese beiden Staaten eine Regelung für die Ausbeutung dieser Lagerstätte treffen. So auch im Falle des Irak und Kuwaits. Saddam Hussein bezichtigte Kuwait des 'Öl-Diebstahls' aus dem gemeinsamen Ölfeld und forderte 2,4 Milliarden Dollar als Ausgleich. Kuwait lehnte sowohl die Forderungen als auch Gespräche darüber ab. Es ging jedoch um ein gemeinsames Problem, der geforderte Finanzausgleich war relativ bescheiden und zudem mußte auch Kuwait ein Interesse an der Regelung dieser Fragen haben. In dieser Situation wäre wohl eine Politik der aktiven Konflikregelung besser gewesen. Die kuwaitische Regierung verfolgte stattdessen eine Politik des passiven Zuwartens und verpaßte es, die bestehende politische Krisenlage zu entschärfen.

Dies gilt auch für den dritten Punkt, nämlich die irakische Verschuldung und den geforderten Schuldenverzicht Kuwaits. Irak war bei Kuwait mit insgesamt zehn Milliarden Dollar verschuldet. Mit diesen Krediten hat Kuwait die irakische Kriegsmaschinerie mitfinanziert, um einen militärischen Sieg des Iran und ein Übergreifen des religiösen Fundamentalismus zu verhindern. Auf diese Weise war Kuwait, aber auch Saudi-Arabien und andere Golfstaaten, als Financier des Irak direkt am irakisch-iranischen Krieg beteiligt. Die Forderung Saddam Husseins auf einen Schuldenerlaß beinhaltete deshalb nicht nur ein ökonomisches, sondern ebenfalls ein politisches Element. In ökonomischer Hinsicht mußte der Irak seine Exporterlöse steigern und gleichfalls einen zumindest teilweisen Schuldenverzicht bewirken.[15] Beide Probleme betrafen auch Kuwait. Deshalb wäre es besser gewesen, Kuwait hätte seine penible Gläubigermanier abgelegt und stattdessen zusammen mit dem Irak versucht, eine politisch tragbare Lösung der ökonomischen Probleme auszuarbeiten.

Bei der Zuspitzung der politischen Krise zwischen dem Irak und Kuwait im Frühjahr 1990 hat sich die kuwaitische Regierung als politisch unklug, stur und geizig erwiesen. Dies rechtfertig keine Invasion eines anderen Staates. Aber die Regierung von Kuwait hat mit ihrer passiven Politik des Zuwartens zumindest eine Chance verpaßt, eine weitere Eskalation der Krise und damit womöglich die irakische Invasion zu verhindern. Zwar machten andere Staaten, zum Beispiel die USA,[16] aber auch Ägypten, ebenfalls den Fehler, Saddam Hussein falsch einzuschätzen, aber Kuwait mußte das größte Interesse daran haben, eine kriegerische Auseinandersetzung mit dem Irak zu vermeiden.

4.1.2 Von der Invasion zum Waffenstillstand

In den Morgenstunden des 2. August 1990 ließ Präsident Saddam Hussein die irakischen Truppen in Kuwait einmarschieren. Innerhalb weniger Stunden brachten sie die Stadt Kuwait unter ihre Kontrolle: der Widerstand der kuwaitischen Armee brach zusammen; die Regierung und viele Kuwaiter sowie Ausländer flohen nach Saudi-Arabien; die irakischen Truppen begannen damit, Kuwait City zu plündern und zu verwüsten. Die

---

[15] Es gibt freiwilligen und erzwungenen Schuldenverzicht. So hatte Frankreich, nach der Sowjetunion der größte Waffenlieferant für den Irak, bei Ausbruch der Krise Kreditforderungen gegenüber dem Irak in Höhe von 7,5 Mrd. DM, davon 4,5 Mrd. DM für Waffenlieferungen, die dann nicht mehr beglichen und deshalb von Frankreich abgeschrieben werden mußten. Nachdem der Irak nicht mehr zahlen konnte, wurden bereits seit Mai 1990 neue Aufträge von französischen Waffenlieferanten nur noch gegen bar ausgeführt. Für die alten Kreditforderungen gibt es bislang keine Regelung; sie werden wohl vom französischen Steuerzahler übernommen werden müssen. Siehe hierzu: Saddams Waffenarsenal ist von vielen gefüllt worden, in: FAZ, 24.1.1991.

[16] So sagte die amerikanische Botschafterin April C. Glaspie bei der bereits erwähnten Anhörung im Kongreß, daß Saddam Hussein deutlich zu verstehen gegeben habe, daß er ein gewaltsames Vorgehen gegen Kuwait ausschließe. Diese Zusicherung habe Saddam auch dem ägyptischen Präsidenten Mubarak gegeben, der in den Tagen vor dem irakischen Überfall nach Bagdad gereist war, um einen militärischen Konflikt zu vermeiden. Wörtlich sagte Frau Glaspie: "Unser Fehler war, daß wir -ebenso wie jede andere Regierung der Welt - törichterweise nicht realisierten, daß er (Saddam Hussein, d.V.) so dumm sein würde." Siehe: Washingtons Politik vor dem Überfall auf Kuwait. Anhörung der Botschafterin in Bagdad vor dem Kongreß, in: NZZ, 23.3.1991.

irakische Regierung begründete den Einmarsch mit einem angeblichen "Hilfe-Ersuchen" von Putschisten, die in Kuwait eine Übergangsregierung gebildet hätten.[17]

Schon am 4. August hatten die irakischen Truppen das ganze Land unter ihre militärische Kontrolle gebracht. Mit Massenfestnahmen und Folterungen wurde der Widerstand der Bevölkerung gebrochen. Dabei sollen mehrere tausend Zivilisten - es war von bis zu 7200 Toten die Rede - und etwa 200 kuwaitische Soldaten getötet worden sein.

Nach Angaben von Amnesty International haben sich die irakischen Truppen zahlreicher Menschenrechtsverletzungen schuldig gemacht, die von willkürlichen Festnahmen und Folter bis zur "Tötung durch verweigerte medizinische Hilfe" reichten; so sollen irakische Soldaten 312 frühgeborene Säuglinge aus ihren Brutkästen in kuwaitischen Krankenhäusern geholt und ihrem Schicksal überlassen haben. Weiterhin sollen etwa 6000 bis 10000 Menschen in Lagern interniert worden sein. Bei Massenplünderungen sollen die Iraker schließlich noch Industrie- und Verbrauchsgüter im Wert von etwa 3,5 bis sechs Milliarden Dollar in den Irak transportiert haben.[18] Eine Befreiung des kuwaitischen Volkes - wie die irakische Regierung den militärischen Überfall gegenüber der Weltöffentlichkeit darzustellen versuchte - fand nicht statt. Ganz im Gegenteil: Irak überfiel mit einem riesigen Militäraufgebot den kleinen Nachbarstaat Kuwait mit einer Armee von nur 10500 Mann, unglaublich barbarische Greueltaten unter der Zivilbevölkerung angerichtet und einen wahren Plünderungsfeldzug durchgeführt.

Bereits am 8. August hat Bagdad per Dekret und Ende August auch de facto Kuwait als 19. Provinz dem Irak einverleibt.[19] Nach internationalem Recht wurde damit jedoch der Status Kuwaits als souveräner Staat nicht verändert. In Kuwait brachte diese Maßnahme keine Beruhigung, sondern es wurde vielmehr der Widerstand gestärkt. Im November führte der Irak dann eine intensive 'Irakisierung' der neuen Provinz durch, so daß die ins Exil geflüchtete kuwaitische Regierung befürchtete, die Identität Kuwaits könnte in absehbarer Zeit vernichtet sein. So wurde der demographische

---

[17] Siehe: Irakische Invasion in Kuwait, in: NZZ, 4.8.1990.
[18] Vgl. hierzu: Was im August im besetzten Kuwait geschah, in: FAZ, 13.2.1991.
[19] Siehe: Kuwait als Provinz dem Irak eingegliedert, in: NZZ, 28.8.1990.

Charakter Kuwaits durch eine systematische Ansiedlung von Irakern verändert.

Saddam Hussein machte von Anfang an deutlich, daß er vor keiner Greueltat zurückschrecken würde. So ließ er am 9. August die irakischen Grenzen schließen und verhinderte damit die Ausreise von Ausländern. Am 18. August ordnete Saddam Hussein an, daß die Bürger "feindlicher Länder" festzuhalten seien. In den darauffolgenden Tagen wurden diese Geiseln zum Teil als "menschliche Schutzschilde" gegen Angriffe von außen an strategische Plätze verschleppt.

Bei Ausbruch der Kuwait-Krise befanden sich etwa 11000 westliche Ausländer im Irak und in Kuwait, darunter 4700 Briten, 3100 Amerikaner, aber auch 740 Deutsche. Bereits am 18. August hat der UN-Sicherheitsrat einstimmig die UN-Resolution 664 verabschiedet und darin den Irak aufgefordert, alle Ausländer ausreisen zu lassen. In den folgenden Wochen fanden fieberhafte diplomatische Bemühungen statt, die Ausreise der Geiseln zu erreichen. Es war der österreichische Bundespräsident Kurt Waldheim, dem es als erstem Politiker in einer umstrittenen Einzelaktion am 25. August gelang, alle im Irak und Kuwait festgehaltenen Österreicher nach Hause zu holen. Drei Tage später erlaubte der irakische Herrscher allen festgehaltenen Frauen und Kindern die Heimreise.[20]

Im September verschärfte sich das diplomatische Tauziehen um die Befreiung der Geiseln.[21] Jedoch erst am 30. Oktober ließ Saddam Hussein alle 256 französischen Geiseln ausreisen, und zwar - wie die irakische Erklärung lautete - als "Geste des guten Willens" und zur "Würdigung" der Haltung Frankreichs in der Kuwait-Krise. Am

---

[20] Siehe hierzu: Waldheim machte den Anfang, in: SZ, 7.12.1990.

[21] Während die westlichen Staaten für die Freilassung ihrer Bürger auf diplomatischem Wege große Anstrengungen unternahmen, zeigten sie kaum Interesse für die schwierige Lage der über eine Million Menschen aus arabischen und asiatischen Ländern, die meist als Gastarbeiter in Irak und Kuwait arbeiteten und sich bei Ausbruch der Krise zum Großteil auf den Weg in ihre Heimatländer machten. So sollen in Irak und Kuwait rund 1,2 Millionen Ägypter, 15 000 Bangladeschi, 24 000 Inder, 90 000 Pakistani, 65 000 Srilanker und zahlreiche Thailänder, Indonesier und Philippinos gearbeitet haben. Zehntausende dieser Menschen wurden auf der Flucht nach Amman im Norden Jordaniens für Tage und Wochen in der Wüste bei mangelhafter Versorgung mit Nahrungs-

8. November erreichte Willy Brandt in Bagdad die Ausreise von 138 Deutschen. Einen Monat später, am 6. Dezember, ordnete Saddam Hussein die Freilassung aller Geiseln an. Zu diesem Zeitpunkt befanden sich im Irak und in Kuwait insgesamt noch etwa 7000 Ausländer, davon waren 2400 aus dem westlichen Ausland und etwa 3300 Personen aus der Sowjetunion.[22]

Während das Geiseldrama ablief, verschärfte sich gleichzeitig die politisch-militärische Lage der Kuwait-Krise. Am 3. August verurteilte der UN-Sicherheitsrat die Invasion Kuwaits und forderte den sofortigen und bedingungslosen Rückzug der irakischen Truppen (Resolution 660). Drei Tage später verhängte der UN-Sicherheitsrat ein totales Einfuhr-, Ausfuhr- und Finanzembargo gegen den Irak (Resolution 661). Ende August erlaubte der UN-Sicherheitsrat die Gewaltanwendung zur Durchsetzung des Embargos (Resolution 665 vom 25. August). Schließlich verabschiedete der UN-Sicherheitsrat am 29. November Resolution 678 und billigte damit ein militärisches Vorgehen zur Befreiung Kuwaits; gleichzeitig wurde der 15. Januar 1991 als Ultimatum für einen freiwilligen irakischen Rückzug festgelegt.[23]

In den letzten Tagen vor dem Auslaufen des Ultimatums kam es dann noch einmal zu intensiven diplomatischen Aktivitäten zur Beilegung der Kuwait-Krise. So traf sich James Baker mit dem irakischen Außenminister Azis in Genf, doch das Treffen blieb ergebnislos. UN-Generalsekretär Pérez de Cuéllar reiste nach Bagdad; seine Bemühungen scheiterten ebenfalls. Schließlich blieb auch Frankreich mit einem letzten diplomatischen Vorstoß am 14. Januar erfolglos.

Mit dem Auslaufen des Ultimatums am 15. Januar standen 750 000 alliierte Soldaten aus 22 Staaten - davon jedoch mehr als 530 000 amerikani-

---

mitteln festgehalten. Die Hilfe der westlichen Staaten für diese Menschen war beschämend gering.

[22] Vgl. Saddam für sofortige Freilassung aller Geiseln. Erfüllung einer Forderung des Uno-Sicherheitsrats, in: NZZ, 8.12.1990; und: USA werfen dem Irak Verschleppungstaktik vor. Bagdad: Alle Ausländer kommen bis Weihnachten frei, in: SZ, 10.12.1990.

[23] In Resolution 678 des UN-Sicherheitsrats werden die Mitgliedstaaten bevollmächtigt, "alle notwendigen Mittel einzusetzen", um Kuwait zu befreien falls "der Irak nicht bis zum 15. Januar 1991" alle relevanten UN-Resolutionen voll erfüllt hätte. Die UN-Re-

sche Soldaten - etwa 550 000 irakischen Soldaten gegenüber. Die Zeit der Diplomaten und Verhandlungen war ergebnislos abgelaufen. Mit massiven Bombardierungen begann am 17. Januar die militärische Operation "Wüstensturm" zur Befreiung Kuwaits.[24] Einen Tag später machte Saddam Hussein seine Drohung wahr und griff Israel und Saudi-Arabien mit Scud-Raketen an, doch es gelang ihm nicht, Israel in den Krieg hineinzuziehen.[25] Nach nur wenigen Tagen besaßen die Alliierten die totale Luftüberlegenheit über den Irak und begannen nun, Saddams Waffenarsenale systematisch zu zerstören.

Eine Woche nach Kriegsbeginn drohte eine Ölkatastrophe im Golf: Die Alliierten beschuldigten Bagdad, absichtlich eine Ölpest im Golf herbeizuführen.[26] Später stellte sich allerdings heraus, daß 30 bis 40 Prozent des Ölteppichs auf alliierte Luftangriffe zurückzuführen waren. Doch Saddam Hussein setzte bewußt den Umweltterror als Waffe im Krieg mit den Alliierten ein und ließ Ölfelder verminen und Bohrlöcher in Brand stecken. Mitte Februar brannten schon fünfzig kuwaitische Bohrlöcher, am Ende des Kuwait-Krieges sollen es mehr als 950 gewesen sein - genau wußte dies niemand.[27]

---

solutionen sind mit einer Chronologie abgedruckt in: Hartwig Bögeholz, Der Krieg um Kuwait. Eine Chronologie mit allen UN-Resolutionen, Bielefeld 1991.

[24] Von Anfang an hatte Präsident Bush klar und eindeutig Stellung bezogen gegenüber der irakischen Invasion Kuwaits; er sagte: "This will not stand." Später hat man erfahren, daß Bush vom ersten Tag der Invasion an eine militärische Reaktion für unausweichlich hielt und sich damit auch gegenüber seinen Militärs durchsetzte. So soll General Powell in den ersten Wochen ökonomische Sanktionen bevorzugt haben. Der Entscheidungsprozeß im Weißen Haus wurde detailliert nachgezeichnet in: Bob Woodward, The Commanders, New York, Mai 1991; Auszüge aus diesem Buch sind abgedruckt in: Newsweek vom 13. Mai 1991, S. 16 ff. Siehe hierzu auch: General Powell ursprünglich gegen die Offensivoption am Golf? Zweifelhafte Enthüllungen in Washington, in: NZZ, 5./6.5.1991.

[25] Insgesamt soll der Irak 58 bis 60 Scud-Raketen eingesetzt haben, davon waren 53 auf Israel gerichtet, die meisten auf Tel Aviv. Zur Abwehr dieser Scud-Angriffe wurden nach offiziellen Angaben 158 amerikanische Patriot-Raketen eingesetzt und 45 bis 47 Scud-Angriffe wirkungsvoll gebremst. Zu diesen Angaben und zur Effektivität der Patriot-Einsätze siehe: Schwächen der Patriot-Raketen, in: FAZ, 15.5.1991, S. N1.

[26] Vgl.: Nur oberirdische Ölanlagen brennen in Kuwait, in: FAZ, 24.1.1991; und: Im Golf ein riesiger Ölteppich. Saddam droht mit nicht-konventionellen Waffen, in: FAZ, 28.1.1991.

[27] Vgl.: 950 Kuwait oil wells afire or damaged, in: IHT, 2./3.3.1991. So sollen im Mai 1991 noch über 600 Ölquellen gebrannt haben. Das Ziel der Löschmannschaften war es, pro

Da der Irak auch nach wochenlangen Bombardierungen seine Truppen immer noch nicht aus Kuwait zurückzog, begannen die Alliierten am 24. Februar die Bodenoffensive gegen irakische Stellungen in Kuwait und im Südirak. Schon in den ersten Stunden gelang der Durchbruch nach Kuwait. In den nächsten Tagen besetzten amerikanische Infanteriesoldaten das Tigris- und Euphrattal und schnitten somit der Republikanischen Garde Saddam Husseins den Rückweg ab.[28] Der irakische Widerstand war für die Alliierten überraschend schwach. Auf irakischer Seite kam es teilweise zu einer unkontrollierten Flucht von Soldaten. Mehr als 80 000 Iraker wurden gefangengenommen. Von 43 irakischen Divisionen sind nach Angaben des amerikanischen Generals Schwarzkopf 29 völlig aufgerieben worden. Dabei seien etwa 20 000 Iraker umgekommen und 60 000 verwundet worden; diese Zahlen wurden später auf rund 100 000 getötete und etwa 300 000 verwundete irakische Soldaten erhöht.[29] Auf Seiten der Verbündeten seien 126 Soldaten gefallen.[30] Die tatsächlichen Verluste waren jedoch viel größer: So haben der Golfkrieg und die nach seinem Ende ausgebrochenen Aufstände im Irak nach Angaben von Greenpeace bis Ende Mai 1991 fast 200 000 Menschen das Leben gekostet.[31]

Monat 50 Bohrlöcher zu löschen; die Löscharbeiten würden demnach bis Frühjahr 1992 andauern. Vgl. hierzu: Matthew L. Wald, Road to recovery for Kuwait's wells. Pace is slow, but industry and fire fighters prevail, in: IHT, 10.5.1991.

[28] Zum militärischen Verlauf des Krieges siehe ausführlicher: IISS (Hrsg.), Strategic Survey 1990-1991, London 1991, insbesondere S. 54 ff.

[29] Siehe: Nach der bedingungslosen Annahme aller UNO-Resolutionen durch den Irak: Am Golf schweigen die Waffen, in: SZ, 1.3.1991; und: USA: 100 000 Iraker im Golfkrieg gefallen, in: SZ, 7.6.1991.

[30] Die Experten im Pentagon haben demgegenüber alleine zwischen 3 000 und 30 000 gefallene Amerikaner in den ersten 20 Tagen eines Kuwait-Krieges vorhergesagt; als sehr realistisch wurden 15 000 Tote Amerikaner in den ersten drei Wochen eines Krieges angenommen. Diese Zahlen veröffentlichte: Jack Anderson und Dale van Atta, War toll estimate: up to 30,000 GIs in 20 days, in: WP, 1.11.1990. Diese Vorhersagen haben sich nicht bewahrheitet. Nach Beginn der Bodenoffensive hat die Herald Tribune die tatsächlichen Verluste weiter relativiert und schrieb: 'Die Wahrheit ist, daß in den ersten Tagen des Bodenkriegs weniger Amerikaner starben (vier) als in der gleichen Periode in Washington umgebracht wurden (sieben).' Zitiert bei: Jörg von Uthmann, Der Golfkrieg und seine Opfer, in: FAZ, 9.3.1991.

[31] So seien 5-15 000 irakische Zivilisten bei Luftangriffen und 100-120 000 irakische Soldaten getötet worden. Weiterhin seien 343 alliierte Soldaten umgekommen, davon 266 Amerikaner. Während der Besetzung Kuwaits sollen 2-5 000 Kuwaiter getötet worden sein. Und schließlich seien im Bürgerkrieg im Irak im Anschluß an den Kuwait-Krieg weitere 20 000 Menschen umgekommen. Siehe hierzu: Greenpeace: 150 000 Tote im

Nach sieben Monaten irakischer Okkupation kehrten am 27. Februar kuwaitische Truppen in die Hauptstadt ihres Landes zurück. Einen Tag später, dem 43.Tag des Kuwait-Krieges, verkündete Präsident Bush ein vorläufiges Ende der Kampfhandlungen am Golf. Bagdad beugte sich allen zwölf UN-Resolutionen und befahl seinen Truppen, die Waffen niederzulegen. Formell wurde der Kuwait-Krieg jedoch erst am 11. April beendet nachdem der Irak die umfangreiche UN-Waffenstillstands-Resolution vom 3. April mit ihren detaillierten vom Irak einzuhaltenden Bedingungen akzeptierte.[32] In den folgenden Monaten kam es dann zu einer intensiven Auseinandersetzung zwischen dem Irak und dem UN-Sicherheitsrat über die Ausgestaltung und Durchführung des Reparationsplans, die Aufhebung der Sanktionen sowie vor allem über die Herausgabe und Zerstörung der irakischen Massenvernichtungswaffen und die Neutralisierung der irakischen Atomanlagen.[33]

Am 248.Tag nach dem Einmarsch irakischer Truppen in Kuwait wurde mit dem UN-Waffenstillstand das bislang blutigste Kapitel in den Beziehungen zwischen Irak und Kuwait abgeschlossen. Ein brutaler Aggressor hatte einen kleinen Nachbarstaat überfallen und wurde dann von alliierten Truppen unter der politischen Führung der Vereinten Nationen wieder vertrieben. Die alliierten Truppen haben einen militärischen, einen politischen und einen moralischen Sieg errungen.[34]

Golfkrieg, in: KStA, 30./31.5.1991; und: Golfkrieg fordert 200 000 Tote, in: SZ, 31.5.1991.

[32] Abgedruckt als Dokument 14: Resolution 687 (1991) des UN-Sicherheitsrats vom 3. April 1991, in: Helmut Hubel, Der zweite Golfkrieg in der internationalen Politik (FI der DGAP, Arbeitspapiere zur Internationalen Politik, Nr.62), Bonn 1991, S. 111-124.

[33] Siehe hierzu u.a.: Bagdad lehnt Reparationsplan ab. UNO-Generalsekretär: 30 Prozent der Öl-Einnahmen abführen, in: SZ, 3.6.1991; und: Sanktionen gegen den Irak bleiben in Kraft, in: SZ, 13.6.1991; und:Beschluß des UNO-Sicherheitsrates: Irak muß Zerstörung seiner Waffen finanzieren, in: NZZ, 19.6.1991.

[34] Allerdings wurde ein Gutteil dieses moralischen Sieges bereits im März und April wieder verspielt, als Saddam Hussein nicht daran gehindert wurde, das ihm noch verbliebene Kriegsmaterial gegen Aufständische im Süden des Irak und vor allem gegen die Kurden im Norden des Irak einzusetzen. Siehe hierzu: Rebellen: Bagdad setzt Chemiewaffen ein, in: SZ, 22.3.1991; und: Der Diktator Saddam wird nicht klüger. Neue Grausamkeiten im Irak stellen für die Amerikaner eine Herausforderung dar, in: SZ, 22.3.1991. Zur Entscheidung von Präsident Bush, nicht zugunsten der Kurden zu intervenieren, schreibt der Kolumnist William Safire: "Not since Kennedy failed to provide air cover at the Bay of Pigs has a president made such a costly military blunder."

In militärischer Hinsicht haben die Vereinigten Staaten diesen Krieg gegen Saddam Hussein geführt und mit einer totalen Kapitulation des Irak zu Ende gebracht. Die Vielzahl der an der multilateralen Truppe beteiligten Staaten war aus politischen Gründen von Bedeutung, militärisch war sie fast belanglos oder sogar hinderlich. Es war Präsident Bush, der dem Aggressor Saddam Hussein Einhalt gebot und dann aus politischen Gründen die multilateralen Truppen gegen Saddam aufmarschieren ließ. Aber es waren die amerikanischen Soldaten, die Kuwait militärisch befreiten.[35] Dennoch sprach Bush stets von den multilateralen Truppen, weil die damit verbundene politische Unterstützung für die amerikanische Politik im Mittleren Osten so wichtig war und er aus innenpolitischen Gründen den Eindruck eines amerikanischen Alleinganges vermeiden mußte.

4.2 Konfrontation um Kuwait - weltweite Reaktionen

Saddam Hussein hat mit dem irakischen Gewaltstreich gegen das benachbarte Ölscheichtum Kuwait buchstäblich über Nacht die Tagesordnung der Weltpolitik umgedreht: Die Welt hatte sich aufgrund des Wandels der sowjetischen Außenpolitik und deren umwälzende Folgen im östlichen Europa auf eine Zeit gesicherten Friedens eingestellt und war dabei, sich auf ökonomische Probleme zu konzentrieren, die mit Hilfe der eingesparten Militärausgaben gelöst werden sollten. Saddam Hussein hat die Welt brutal aufgeweckt und ihr die Gefährlichkeit von Regionalkonflikten vor Augen geführt, vor allem im Falle des Mittleren Ostens, einer Region

---

[35] William Safire, As Kurds die, a sense of revulsion spreads, in: NYT, abgedruckt in: IHT, 5.4.1991.

Der britische Economist meint jedoch, daß hierfür die Unterstützung der Alliierten eine Voraussetzung war: "The truer lesson of the Gulf war is that America could not possibly have blockaded Iraq, let alone fought it, without the wide support of allies. ... The United States could barely have afforded the battle without plentiful free oil, yen and D-marks. To defeat a country with the national product of Portugal took 75 of America's tactical aircraft and 40% of its tanks. Some unipolar gunboat." Aus: On top of the world?, in: Economist vom 9. März 1991, S. 15.

in der in den achtziger Jahren riesige Waffenarsenale angehäuft worden sind.[36]

Während es beim irakischen Überfall auf den Iran im Herbst 1980 kaum internationale Proteste gab, so stieß die irakische Invasion Kuwaits auf eine einhellige weltweite Reaktion: Bei einer Dringlichkeitssitzung um fünf Uhr morgens New Yorker Ortszeit am 2. August 1990 stimmten 14 der 15 Mitglieder des UN-Sicherheitsrates (der Vertreter des Jemen war nicht anwesend) für eine Verurteilung des Irak und forderten den Rückzug der irakischen Truppen aus Kuwait. Diesmal waren sich nicht nur die westlichen Staaten einig, sondern auch die Sowjetunion und China unterstützten die UN-Resolution.[37] Nicht ganz so eindeutig fiel die arabische Verurteilung des Iraks aus: Die Arabische Liga verurteilte zwar die irakische Invasion, aber sieben Mitglieder enthielten sich der Stimme, und zwar neben dem Irak auch Jordanien, Mauretanien, Jemen, der Sudan, Djibouti und die PLO.[38]

In den folgenden Wochen gab es weltweit massive Reaktionen auf zwei verschiedenen Ebenen; einerseits wurden im Rahmen der UNO ein Handelsembargo gegenüber dem Irak beschlossen und schrittweise verschärft, andererseits wurde unter amerikanischer Führung im Mittleren Osten der größte Militäraufmarsch der Nachkriegszeit durchgeführt.

Die Vereinigten Staaten haben bereits am 2. August ihre Handelsbeziehungen zum Irak abgebrochen. Die EG-Staaten und Japan schlossen sich diesem Handelsembargo an. Am 6. August beschloß der UN-Sicherheitsrat mit 13 zu Null Stimmen (Kuba und Jemen enthielten sich ihrer Stimme) ein Handelsembargo gegenüber dem Irak, um Druck auf Saddam Hussein auszuüben, seine Truppen aus Kuwait zurückzuziehen. Dieses Embargo wurde in den folgenden Wochen verschärft; so wurde

---

[36] Der Economist hat dies prägnant formuliert: "Wake up, world, after your post-cold-war festivities, and meet your hangover. His name is President Saddam Hussein." in: Who will stop Saddam?, in: The Economist, 4. August 1990, S. 11-12, hier: S. 11.

[37] Siehe: Internationale Proteste gegen irakische Invasion: USA und Sowjetunion fordern Bagdad zum Rückzug auf, in: SZ, 3.8.1990.

[38] Siehe: Schüchterne arabische Verurteilung des Iraks, in: NZZ, 7.8.1990.

insbesondere die Durchsetzung der Sanktionen mit militärischen Mitteln beschlossen sowie der Lufttransport einbezogen.[39]

Während einerseits das Netz der ökonomischen Sanktionen immer dichter geknüpft und deren Durchsetzung strenger kontrolliert wurde, fand andererseits der größte Militäraufmarsch im Mittleren Osten statt, den die Welt seit dem Ende des Zweiten Weltkrieges gesehen hatte. Dabei handelte es sich vor allem um einen amerikanischen Aufmarsch, der zumindest am Anfang auf saudische Widerstände stieß und nur zögerlich weltweite Unterstützung erfuhr. So betonte Präsident Bush in seiner ersten Pressekonferenz nach dem irakischen Überfall das Bestreben der USA, mit Hilfe der Wirtschaftssanktionen den Irak zum Rückzug zu bewegen. Er schloß jedoch eine militärische Intervention nicht aus. Noch am selben Tag wurde der amerikanische Flugzeugträger 'Independence' in den Persischen Golf verlegt. Ein sowjetischer Zerstörer, eine französische Fregatte und zwei britische Kriegsschiffe verstärkten die im Golf operierenden Einheiten.[40]

Mit einem doppelten Auftrag reiste der amerikansiche Verteidigungsminister Cheney am 6. August nach Saudi-Arabien: Er sollte die Saudis dazu bewegen, die irakischen Erdölleitungen zu schließen, um das Ölembargo wirksam werden zu lassen; und er sollte die Zustimmung der Regierung in Riad für die Benutzung saudischer Militäranlagen bei amerikanischen Operationen erhalten.[41] Nach anfänglichem Zögern stimmte König Fahd zu: Die irakischen Ölpipelines wurden geschlossen; und am Tag nach Cheneys Unterredung mit dem König begannen die USA, Kampfflug-

---

[39] Siehe: Sanktionsbeschluss des Uno-Sicherheitsrats, in: NZZ, 8.8.1990; und: Security Council Approves Use of Force in the Embargo, in: IHT, 27.8.1990; und: Washington sieht kein Hindernis mehr für die Durchsetzung der Seeblockade, in: FAZ, 27.8.1990; und: Der Uno-Sicherheitsrat verhängt Luftembargo, in: NZZ, 27.9.1990.

[40] Siehe: Scharfe, aber hilflose Reaktion Washingtons, in: NZZ, 4.8.1990; und: Internationale Flottenbewegungen in Richtung Golf, in: NZZ, 9.8.1990.

[41] Mit einem ganz ähnlichen Auftrag machte sich Außenminister Baker auf den Weg in die Türkei: Die Türkei sollte ebenfalls die irakischen Ölpipelines schließen - irakisches Erdöl wurde zu 95 Prozent durch Pipelines entweder durch die Türkei oder durch Saudi-Arabien exportiert - und die Stationierung weiterer amerikanischer Kampfflugzeuge erlauben. Nach einigem Zögern stimmte auch die Türkei zu. Siehe: Feste Haltung der USA gegenüber dem Irak, in: NZZ, 8.8.1990.

zeuge und Bodentruppen zur Abwehr eines irakischen Angriffs nach Saudi-Arabien zu verlegen.[42]

In ersten Meldungen über den amerikanischen Truppenaufmarsch wurde von 2000 bis 4000 Mann der 82.Luftlandedivision gesprochen. Wenige Tage später gab es aus dem Pentagon Informationen über einen amerikanischen Aufmarsch in Saudi-Arabien mit bis zu 50 000 Soldaten, Hunderten von Kampfflugzeugen sowie Helikoptern, Raketen und Panzern. Alles deutete auf ein massives längerfristiges amerikanisches Engagement in der Golfregion hin. Schon nach einer Woche wurden diese Zahlen auf 100 000 Mann erhöht. Manche Experten haben sogar Szenarien mit einem amerikanischen Militärengagement von 200 000 und mehr Soldaten diskutiert.[43]

Mitte Oktober waren dann tatsächlich 200 000 amerikanische Soldaten in Saudi-Arabien und in der Golfregion. Der militärische Aufmarsch sollte Mitte November abgeschlossen sein. Doch schon am 8. November hat Präsident Bush weitere 200 000 amerikanische Soldaten in den Golf geschickt.[44] Wie sich später zeigte, war dies der erste Teil eines militärischen Planes, der im Oktober von Präsident Bush gebilligt wurde und im Januar/Februar 1991 zur militärischen Befreiung Kuwaits führte.[45]

Von Anfang an hatten sich die USA um einen internationalen Beistand bemüht, und zwar sowohl beim Beschluß und der Durchsetzung des Handelsembargos als auch beim militärischen Aufmarsch in der Golfregion.[46]

---

[42] Siehe: US-Truppen nach Saudi-Arabien entsandt, in: NZZ, 9.8.1990; und: Amerikanischer Aufmarsch in Saudi-Arabien, in: NZZ, 10.8.1990.

[43] Siehe: Verstärktes Engagement der USA am Golf, in: NZZ, 11.8.1990; und: Massiver amerikanischer Aufmarsch im Golf, in: NZZ, 14.8.1990.

[44] Vgl.: Umfassender Ausbau der US-Truppen am Golf. Von der Defensiv- zur Offensivkapazität, in: NZZ, 11./12.11.1990. Zur Zielsetzung des Streitkräfteausbaus sagte Bush, es gelte "sicherzustellen, daß die Koalition über eine angemessene militärische Offensivoption verfügt, falls diese zur Erreichung unserer Ziele notwendig werden sollte."

[45] Vgl.: Thomas L. Friedman und Patrick E. Tyler, Road to the Gulf: Timetable for war was fixed in October, in: IHT, 4.3.1991. Die beiden NYT-Journalisten schreiben: "...on Oct.30, a week before congressional elections, Mr. Bush secretly approved a timetable for launching an air war against Iraq in mid-January and a large-scale ground offensive in February that would strike deep into Iraqi territory to encircle President Saddam Hussein's army."

So haben sich im Laufe des August und September nicht weniger als 22 Staaten unter amerikanischer Führung am Truppenaufmarsch gegen den Irak beteiligt.[47] In dieser Zeit haben die Vereinigten Staaten ihre Luftwaffenpräsenz über Saudi-Arabien hinaus auf die Golfemirate Bahrein, Katar, Oman und VAE ausgeweitet.[48]

Von November bis zum Beginn der Landoffensive zur Befeiung Kuwaits haben nicht nur die USA ihre Truppen verstärkt, andere Staaten taten dies ebenfalls und es kamen weitere Verbündete hinzu. So standen beim Kuwait-Krieg multilaterale Truppen von mehr als 750 000 Soldaten etwa 550 000 irakischen Soldaten gegenüber; nicht weniger als 28 Staaten waren militärisch beim Aufmarsch gegen Saddam Hussein beteiligt. Von den multilateralen Truppen waren mehr als 530 000 amerikanische Soldaten, weitere 43 000 britische und 16 000 französische Soldaten. Von den anderen NATO-Staaten war Belgien mit zwei Minenjagdbooten und einem Versorgungsschiff vor Ort vertreten, Kanada entsandte drei Kriegsschiffe, Dänemark stellte eine Korvette, Griechenland eine Fregatte, Italien drei Fregatten und acht Tornado-Jagdbomber, die Niederlande zwei Fregatten und ein Versorgungsschiff, Norwegen ein Küstenwachboot und Spanien eine Fregatte und zwei Korvetten zur Verfügung.[49] Die Bundesrepublik war an der multilateralen Truppe im Golf nicht beteiligt, hat diese jedoch durch logistische und finanzielle Leistungen unterstützt und hat Minensuchboote ins östliche Mittelmeer sowie eine Staffel der Luftwaffe in die Türkei verlegt.

Von den arabischen Nachbarstaaten hatte Saudi-Arabien insgesamt 118 000 Soldaten der multilateralen Truppe unterstellt, die VAE 40 000 Mann, Ägypten 35 000 Soldaten, Oman 25 500, Syrien 18 000, Bahrain

---

[46] Siehe: Suche der USA nach internationalem Beistand, in: NZZ, 12./13.8.1990; und: Baker urges Allies to send more Ground Troops to the Gulf, in: IHT, 11.9.1990.

[47] Siehe: The World versus Iraq: Multilateral and National Moves, in: IHT, 20.8.1990; und: Die größte Truppenkonzentration seit dem sowjetischen Einmarsch in Afghanistan, in: FAZ, 11.9.1990.

[48] Siehe: Erweiterte US-Luftwaffenpräsenz am Golf, in: NZZ, 6.9.1990.

[49] Zu diesen Angaben über die Beteiligung der zahlreichen Staaten siehe die detaillierte Aufstellung in: World acts against Iraqi Invasion of Kuwait, in: U.S. Policy Informaton and Texts, Nr.3 vom 7. Januar 1991, S. 21-38; und: Die Anti-Saddam-Koalition stützt sich auf 750 000 Soldaten, in: FAZ, 25.2.1991.

3300 und Marokko 1300 Soldaten. Zusätzlich hatten Niger und Senegal jeweils 500, Bangladesch 2000 und Pakistan 11 000 Soldaten in Saudi-Arabien stationiert.

An der Seeblockade gegen den Irak zur Durchsetzung des Handelsembargos beteiligten sich insgesamt 84 Kriegsschiffe aus 11 Nationen, und zwar nicht nur aus NATO-Staaten, den VAE oder Saudi-Arabien, sondern ebenfalls aus der Sowjetunion (zwei Kriegsschiffe, die aber nicht an Kampfhandlungen teilnehmen durften), Argentinien (zwei Kriegsschiffe) und Australien (drei Kriegsschiffe).

An der Anti-Saddam-Koalition haben sich schließlich noch beteiligt: Neuseeland mit zwei und Süd-Korea mit fünf Transportflugzeugen; Polen schickte zwei Rettungsschiffe mit 200 Mann Besatzung in den Golf; Schweden, Singapur und Rumänien waren mit Feldlazaretten vor Ort; die Tschechoslowakei hatte eine Einheit zur Abwehr chemischer Angriffe nach Saudi-Arabien entsandt und Bulgarien eine solche Einheit angeboten.

Saddam Hussein löste mit dem Einmarsch in Kuwait eine weltweite massive Reaktion aus, die wohl nicht nur für den Irak als Überraschung kam. So zeigte die UNO beim Beschluß der Handelssanktionen ein solidarisches Verhalten wie seit dem Korea-Krieg Anfang der fünfziger Jahre nicht mehr. Seit Jahren verfeindete Staaten wie die USA und Syrien sprachen wieder miteinander. Soldaten aus Staaten ohne diplomatische Beziehungen - wie im Falle Großbritanniens und Syrien - kämpften Seite an Seite in Saudi-Arabien. Ehemalige Kriegsgegner traten nun einem gemeinsamen Feind, dem Irak, gegenüber: So beteiligten sich amerikanische und iranische Kriegsschiffe an der Seeblockade gegen den Irak; nur drei Jahre vorher haben amerikanische Kriegsschiffe kuwaitische Öltanker gegen iranische Angriffe geschützt. Schließlich hat sich die Sowjetunion von ihrem langjährigen Verbündeten, dem Irak, abgewendet, sich ohne Einschränkungen den UN-Sanktionen angeschlossen und auch den militärischen Einsatz gegen den Irak mitgetragen.[50] China hat ebenfalls die UN-Resolutionen mitgetragen und damit die Chance genutzt, zumindest teil-

---

[50] Dies kam zum Ausdruck bei den UN-Resolutionen und insbesondere im Schlußkommunique des Gipfeltreffens von Helsinki Anfang September. Siehe hierzu: Bush and Gorbachev, Stressing Unity, Warn Saddam Hussein of 'Dead End', in: IHT, 10.9.1990; und: Bush und Gorbatschow wollen in der Golf-Krise notfalls "zusätzliche Maßnahmen" ergreifen, in: SZ, 10.9.1990. Zum sowjetischen Verhalten in der Kuwait-

weise aus der internationalen Isolation herauszukommen, in die China nach den sogenannten 'Tianaman-Square-Ereignissen' vom Juni 1989 geriet.[51]

Saddam Hussein hat die Welt auf den Kopf gestellt und Koalitionen zustande gebracht, die bis zur irakischen Invasion undenkbar waren. Die Frage war deshalb: Haben all diese Staaten zusammengearbeitet, weil der Irak für sie eine Bedrohung darstellte oder ging es um Prinzipien - vielleicht sogar um die Prinzipien einer neuen Weltordnung?

4.3 Irak als gemeinsamer Feind - Widerstand aus Prinzip?

Nicht Appeasement, sondern Containment war schon nach wenigen Tagen der Leitgedanke der weltweiten unter amerikanischer Führung koordinierten Maßnahmen gegen den Irak. Die irakische Aggression dürfe nicht toleriert werden. Eine friedliche internationale Ordnung sei nicht möglich, wenn große Staaten über ihre kleineren Nachbarn herfielen. Diese Auffassung wurde in zahlreichen UN-Resolutionen und bilateralen Erklärungen niedergeschrieben. Der Irak habe internationales Recht gebrochen und die Souveränität Kuwaits verletzt. Ein bedingungsloser Rückzug der irakischen Truppen aus Kuwait sei deshalb die Voraussetzung für eine friedliche Lösung.[52]

Gerade für die Menschen im Iran mußte diese neue gemeinsame Ablehnungsfront gegen den ehemaligen Kriegsgegner Irak als eine große Überraschung kommen, hatten sich doch eben diese Staaten im Herbst 1980 nur recht kleinlaut über den Einmarsch irakischer Truppen in Iran geäußert.[53] Oder sollten all diese schönen Worte nur darüber hinwegtäu-

---

Krise siehe ausführlicher: Helmut Hubel, Der zweite Golfkrieg, a.a.O., insbesondere S. 26 ff.

[51] Siehe hierzu: Joachim Glaubitz, Japan, China und der Golf-Konflikt, (SWP) Ebenhausen, Januar 1991.

[52] Zur weltpolitischen Dimension des Konfliktes siehe u.a.: Ursula Braun, Epizentrum Kuwait: Die weltpolitische Dimension eines Regionalkonflikts, in: Aussenpolitik 1/91, S. 59-68; auch: Bahman Nirumand (Hrsg.), Sturm im Golf. Die Irak-Krise und das Pulverfaß Nahost, Reinbek bei Hamburg 1990; und: Hans-Georg Wehling u.a. (Red.), Die Golfregion in der Weltpolitik, Stuttgart 1991; und: Gert Krell und Bernd W. Kubbig (Hrsg.), Krieg und Frieden am Golf. Ursachen und Perspektiven, Frankfurt 1991.

schen, daß es nicht um Prinzipien, sondern vielmehr um einen kostbaren Rohstoff, nämlich Erdöl ging?

Es ging um Erdöl und es ging um Prinzipien. In den ersten Tagen stand jedoch die Rohölversorgung der westlichen Industriestaaten aus dem Mittleren Osten im Mittelpunkt aller Diskussionen und Bemühungen. Dies war auch in den Vereinigten Staaten der Fall. Zwar hat Präsident Bush in seiner ersten Pressekonferenz mit scharfen Worten die "nackte Aggression" des Iraks verurteilt und die internationale Staatengemeinschaft zu einer geschlossenen Haltung gegenüber dem Irak aufgefordert. Allerdings beschrieb er vor allem die ökonomischen Gefahren und stellte fest: "Our jobs, our way of life, our own freedom and the freedom of friedly countries around the world would all suffer if control of the world's great oil reserves fell into the hands of Saddam Hussein."[54]

Er dachte an die Bedeutung des Erdöls und die Gefahren für die amerikanische Gesellschaft falls die Ölvorkommen im Mittleren Osten von Saddam Hussein kontrolliert würden. Haben die USA nur deshalb so schnell gehandelt, weil es um die Ölversorgung aus dem Mittleren Osten ging? Stand die Sicherung des amerikanischen Lebensstandards im Vordergrund der Bemühungen der Bush Regierung? Und hatten jene Kom-

---

[53] Andere Beispiele sind ebenso aufschlußreich. So fragte der konservative britische Economist, warum die Welt im Falle Kuwaits so rasch und gemeinsam gehandelt habe, aber seit vier Jahrzehnten die chinesische Besetzung Tibets tatenlos hinnähme. Wörtlich: "If Kuwait deserves liberation from an aggressor, why not Tibet?", aus: China: A matter of status, in: Economist vom 27. April 1991, S. 65; siehe auch: Der Widerstand in Tibet ist ungebrochen. 40.Jahrestag der "Befreiung" durch China, in: FAZ, 16.5.1991.

[54] NYT, 16.8.1990, p.A14. Als Präsident Bush im November zum Erntedankfest die Truppen in Saudi-Arabien besuchte, sprach er ebenfalls über die ökonomischen Gefahren und sagte: "We can't hope to achieve our vision of a new world order ... if the economic destiny of the world can be threatened by a vicious dictator." Siehe hierzu: David Hoffman, Decision Time for Bush the Statesman-Politician, in: IHT, 2.1.1991. Und Bushs Außenminister formulierte noch knapper: Als James Baker Mitte November gefragt wurde wofür Amerikaner im Golf kämpfen sollten, da führte er nicht Prinzipien oder die Hilfe für Freunde an, sondern er sprach über ökonomische Probleme und gebrauchte eine Formulierung, die er später bereute; er sagte: "If you want to sum it up in one word, it's jobs." Zitiert in: Peter McGrath, Must our wars be moral?, in: Newsweek vom 26. November 1990, S. 32.

mentatoren Recht, die meinten, die Reaktionen der Bush Regierung zeigten, daß amerikanisches Blut billiger sei als Öl?[55]

Zumindest in den ersten Wochen nach dem irakischen Überfall gab es in den Vereinigten Staaten eine breite Zustimmung bei der Frage, ob das amerikanische Engagement im Mittleren Osten zur Verteidigung der Ölversorgung gerechtfertigt sei. So haben im September mehr als 80 Prozent der befragten Amerikaner die Entscheidung von Präsident Bush befürwortet, zur Verteidigung Saudi-Arabiens amerikanische Truppen in den Golf zu verlegen.[56]

In diesem Sinne verlief auch die öffentliche Diskussion über das amerikanische Engagement im Golf: Von konservativen Republikanern bis zu liberalen Demokraten haben alle den Präsidenten unterstützt. So formulierte das konservative Wall Street Journal in aller Deutlichkeit: "Why is the U.S. in Saudi Arabia? It is there to protect the integrity of the world's oil supply. On that point, there is universal agreement."[57] Und der Demokrat Les Aspin, mächtiger Vorsitzender des House Armed Services Committee im Kongreß, stellte fest: "Simply put, if we allow Saddam to control half the world's oil reserves, he will control our economy - determining our rate of inflation, our interest rates, our rate of growth. That cannnot be permitted."[58] Schließlich erklärte der ehemalige Sicherheitsberater der Carter Administration Zbigniew Brzezinski zu den amerikanischen Interessen im Mittleren Osten: "The truly vital American interest in the Kuwait crisis is to ensure that the Gulf is the secure and stable source for the industrialized West of reasonably priced oil."[59]

Demgegenüber hat die Bush Regierung in ihren Erklärung stets betont, es ginge in erster Linie um die Verteidigung Saudi-Arabiens vor einem irakischen Angriff - später wurden die Golf-Emirate mit einbezogen -, ferner um den Rückzug der irakischen Truppen aus Kuwait, weiterhin um die Rückkehr zum Status vor dem 2. August in Kuwait und schließlich um den Aufbau von regionalen Sicherheitsstrukturen und Maßnahmen zur

---

[55] Siehe hierzu auch: Dieter Schröder, Ist Blut billiger als Öl?, in: SZ, 1./2.9.1990.

[56] Siehe zu Beispiel: 81% in a poll back Bush on Gulf troops, in: IHT, 12.9.1990.

[57] The stakes in the Gulf, in: WSJ, 16.8.1990.

[58] Les Aspin, When it's over, Saddam or his army must be gone, in: IHT, 9.8.1990.

Förderung von Frieden und Stabilität im Mittleren Osten. Dies waren die Kriterien für die Koordination der internationalen Bemühungen zur Lösung der Kuwait-Krise. Doch darf wohl mit Recht bezweifelt werden, daß die USA und andere Staaten ein ähnlich massives Engagement gezeigt hätten, wenn es im Mittleren Osten kein Erdöl gäbe.[60]

In den ersten beiden Monaten nach der irakischen Invasion Kuwaits konnte die Bush Regierung auf eine breite und sehr solide Unterstützung in der Bevölkerung bauen. Dies änderte sich erst Mitte Oktober, als die ersten Demonstrationen gegen das amerikanische Engagement im Golf stattfanden.[61] Nach der Entscheidung von Präsident Bush Anfang November, die amerikanischen Truppen im Golf zu verdoppeln und dem damit angezeigten Strategiewandel von defensiv zu offensiv, bröckelte die Unterstützung für seine Politik merklich ab, stattdessen meldeten sich zahlreiche Kritiker zu Wort und der nationale Grundkonsens brach zumindest vorübergehend auseinander. Es waren nicht nur die Demokraten im Kongreß, sondern auch die Kirchen und zahlreiche Leitartikler, die nun eine intensive öffentliche Diskussion über den Sinn eines Kuwait-Krieges führten.[62]

Von den Kritikern wurden vor allem die wirtschaftlichen Gründe für ein amerikanisches Engagement im Golf in Frage gestellt. In der Kuwait-Krise ginge es weder um die Ölversorgung, noch um Arbeitsplätze, noch

---

[59] Zbigniew Brzezinski, The goal is assuring oil supply, in: IHT, 17.8.1990.

[60] Zur Veranschaulichung der ökonomischen Interessen der USA am ölreichen Kuwait haben Kritiker nach der amerikanischen Reaktion im Falle eines 'Peanut-Kuwait' bzw. eines 'Broccoli-Kuwait' gefragt. Das erste Beispiel sollte darauf hinweisen, daß die USA bei Peanuts - im Unterschied zum Öl - nicht von Einfuhren abhängig sind, ganz im Gegenteil, sie sind Selbstversorger und schotten den amerikanischen Peanuts-Markt vor Einfuhren ab. Das zweite Beispiel war speziell auf Präsident Bush gemünzt, da bekannt ist, daß er Broccoli nicht mag.

[61] Siehe hierzu: Evelyn Nieves, Protests in 6 cities are first coordinated against U.S. Gulf role, in: NYT, 21.10.1990, S. A14. Allerdings war die Beteiligung an diesen Demonstrationen sehr gering: So zählte die Polizei nur etwa 5 000 Teilnehmer in Manhattan, etwa 1 000 in San Francisco, 200 in Boston und ganze 125 Teilnehmer in der Hauptstadt Washington.

[62] Siehe: Americans ask, is war worth it?, in: IHT, 13.11.1990; und: Bishops urge U.S. to limit Gulf war, in: IHT, 13.11.1990. Den 'Medien-Krieg' über die Rolle der USA im Golf und allgemein in der Welt hat Thomas Barnett ausgewertet und dabei drei Gruppen unterschieden: die Isolationisten, die Unilateralisten und die Multilateralisten.

um die Erhaltung des amerikanischen Lebensstandards; und die vielzitierte "Ölwaffe" Saddam Husseins sei eine stumpfe Waffe. Zu diesen Kritikern zählte der Historiker Arthur Schlesinger,[63] aber auch die beiden Nobelpreisträger Milton Friedman und James Tobin, die bei einem Ölpreis von 30 bis 40 Dollar Mehrkosten für die amerikanische Wirtschaft in Höhe von einem halben Prozent des Bruttosozialproduktes errechneten sowie eine jährliche Belastung für den amerikanischen Verbraucher von nur 112 Dollar prognostizierten und daraus den Schluß zogen, eine wirtschaftliche Belastung in dieser Größenordnung rechtfertige keinen Krieg.[64]

Ende November haben sich die Auseinandersetzungen zwischen Präsident und Kongreß verstärkt als der Verteidigungsausschuß des Senats vier Tage Hearings zur amerikanischen Golf-Politik durchführte.[65] Dabei wurden nicht nur alle Aspekte der Kuwait-Krise, sondern auch die Frage diskutiert, ob Präsident Bush vom Kongreß eine Ermächtigung für einen Krieg am Golf erhalten müsse. Nach wochenlangen Diskussionen und nach einer dreitägigen leidenschaftlichen Debatte im Kongreß haben am 13. Januar beide Häuser des Kongresses eine Ermächtigungsresolution verabschiedet, die Präsident Bush nach Ablauf des UN-Ultimatums am 15. Januar zur Gewaltanwendung gegen den Irak ermächtigte, und zwar

---

Siehe: Thomas P.M. Barnett, A Gulf scorecard: Who's out ahead in the media wars, in: IHT, 21.12.1990.

[63] Arthur Schlesinger hat sich von Anfang an vehement gegen einen Krieg ausgesprochen. Siehe hierzu zum Beispiel: Arthur Schlesinger Jr., Gamble in the Gulf, in: WSJ, 2.10.1990. Dort schreibt er: "So let us not be panicked by vague fears about oil's disappearance, nor send Americans to die to bring it back to $20 a barrel. We are plainly not in the Gulf to defend democracy and human rights. ... The defense of these medieval despotisms is surely not worth the life of a single American." Und er fragt: "But would it not be better to regard our objectives as bargaining chips, accept an Arab solution, pull our ground forces out of Saudi Arabia and declare victory?"

[64] Vgl. hierzu: "Öl ist kein Kriegsgrund". Amerikanische Wirtschaftsnobelpreisträger sehen keine Gefahr durch höhere Ölpreise, in: FAZ, 10.1.1991.

[65] Siehe hierzu: Nunn says a war in Gulf is justified, in: IHT, 28.11.1990; und: Ex-navy secretary warns against force, in: IHT, 30.11.1990; und: Appelle für längeren Atem beim Irak-Embargo. Aussagen von Experten bei Hearings im amerikanischen Senat, in: NZZ, 1.12.1990; und: R.W. Apple Jr., Collapsing Consensus: Democrats turn on Bush, in: IHT, 7.12.1990.

stimmte der Senat mit 52 zu 47 und das Repräsentantenhaus mit 250 zu 183 für diese Resolution.[66]

Die Reaktionen in den Vereinigten Staaten und die weltweiten Reaktionen auf Saddam Husseins Aggression haben in Umrissen eine neue Weltordnung erkennen lassen, gleichzeitig jedoch auch neue Gefahrenherde und Herausforderungen sichtbar gemacht. Es zeigte sich, daß das im Entstehen begriffene globale Sicherheitssystem nicht auf die amerikanische Führung verzichten kann. Gerade angesichts des Zerfalls der Sowjetunion blieben nur die USA als einzige politische und militärische Supermacht übrig. So hat Saddam Hussein ebenfalls einen Beitrag zur amerikanischen Diskussion über den Niedergang der USA als Weltmacht geleistet: Buchstäblich über Nacht zeigte sich in aller Deutlichkeit, daß die Vereinigten Staaten auch in der "Nach-Kalte-Krieg-Zeit" eine Supermacht geblieben sind.[67] Die neuen ökonomischen Großmächte Japan, die Bundesrepublik oder vielmehr die Europäische Gemeinschaft zeigten einmal mehr, wie groß der Abstand in politischer und militärischer Hinsicht zur Supermacht USA noch ist.[68]

Die zweite Lehre aus der Kuwait-Krise für die neue Weltordnung besteht wohl darin, die internationale Zusammenarbeit zu stärken und insbesondere die geduldige und machmal auch langsame Arbeit von internationalen Organisationen, insbesondere den Vereinten Nationen, zu unterstützen. So hat die UNO eine Solidarität gezeigt wie seit Anfang der fünfziger Jahre nicht mehr, doch gleichzeitig blieben die Bemühungen des

---

[66] Siehe: Hushed and solemn, Congress votes 'Yes', in: IHT, 14.1.1991; und: Der Kongreß ermächtigt Präsident Bush zum Krieg, in: SZ, 14.1.1991; und: Ermächtigungsresolution für Bush zur Golfkrise. Politische Rückendeckung des Kongresses für den Präsidenten, in: NZZ, 15.1.1991.

[67] Siehe hierzu zum Beispiel: R.W. Apple, Jr., Oil, Saddam Hussein and the Re-emergence of America as the Superpower, in: NYT, 20.8.1990. Und der frühere amerikanische Außenminister George Shultz stellte zur weltpolitischen Rolle der USA am Ende des Kuwait-Krieges fest: 'We're the only ones really able to project power on a large scale.' Siehe hierzu: Don Oberdorfer, Emerging from the Gulf War: A stronger U.S., both militarily and politically, in: IHT, 5.3.1991.

[68] So sagte Präsident Bush beim Besuch der amerikanischen Truppen im November 1990: "Recent events have surely proven that there is no substitute for American leadership." Zitiert bei: David Hoffman, Decision time for Bush the statesman-politician, in: IHT, 2.1.1991. Und zur Rolle Japans und der Bundesrepublik schreibt der Economist: "To be a great power, economic strength is necessary but not sufficient, as Japan and Germany have amptly demonstrated in recent months." aus: Economist vom 9. März 1991, S. 15.

UN-Generalsekretärs, Javier Pérez de Cuéllar, eine friedliche Lösung der Kuwait-Krise zu erreichen, erfolglos.[69]

Gleichzeitig machte die Kuwait-Krise für jedermann sichtbar, welche Gefahren auch in der "Nach-Kalte-Krieg-Zeit" von Regionalkonflikten für den Weltfrieden ausgehen, insbesondere wenn dabei hochgerüstete Staaten sich gegenüberstehen, die selbst vor dem Einsatz von chemischen, biologischen oder sogar nuklearen Waffen nicht zurückschrecken. Die sehr lasche Rüstungsexportpolitik insbesondere der Industriestaaten sowie der Sowjetunion haben diese Gefahrenherde erst geschaffen. Es wird großer Anstrengungen bedürfen, um zu verhindern, daß die angehäuften Waffenarsenale in Zukunft nicht eingesetzt werden.

4.4 Saddam Hussein und das Ölembargo

Vier Tage nach der irakischen Invasion Kuwaits verhängte der Sicherheitsrat der Vereinten Nationen mit 13 gegen 0 Stimmen, Kuba und Jemen enthielten sich, wirtschaftliche Sanktionen gegen den Irak, die auch ein Ölembargo umfaßten. Am 8. August war die Ölausfuhr Iraks und Kuwaits unterbrochen. Drei Wochen nach der Invasion hat der UN-Sicherheitsrat wiederum mit 13 gegen 0 Stimmen zudem militärische Maßnahmen zur Durchsetzung des Wirtschaftsembargos gegenüber dem Irak beschlossen. Dem stimmten ebenfalls die Sowjetunion und China zu. Damit zeigte die UNO in ihrer Reaktion auf die irakische Invasion Kuwaits eine Geschlossenheit, die es in den vergangenen 40 Jahren nicht gab.[70]

Es war das erste Mal, daß die Verbraucherstaaten ein OPEC-Land mit einem Embargo belegten und in diesem Falle das irakische und kuwaitische Öl vom Weltmarkt verbannten; bei der Energiekrise 1973/74 war dies umgekehrt, damals haben die OPEC-Staaten die Lieferung von Erdöl an

---

[69] Siehe hierzu: UN Leader says Iraq talks failed, in: IHT, 3.9.1990; und: Nervenkrieg zwischen Washington und Bagdad. Verabschiedung einer Uno-Resolution zur Geiselfrage, in: NZZ, 21.8.1990.

[70] Siehe: Sanktionsbeschluss des Uno-Sicherheitsrats, in: NZZ, 8.8.1990; und: Security Council Approves Use of Force in the Embargo: in: IHT, 27.8.1990; und: Washington sieht kein Hindernis mehr für die Durchsetzung der Seeblockade, in: FAZ, 27.8.1990; und: Der Uno-Sicherheitsrat verhängt Luftembargo, in: NZZ, 27.9.1990.

bestimmte Verbraucherstaaten verhindert. Dies alleine zeigt schon, daß die Ölversorgung aus Irak und Kuwait für die westlichen Industriestaaten nicht von kritischer Bedeutung war. So wurde die 'Ölwaffe' diesmal gegen den Irak eingesetzt, um Saddam Hussein zu zwingen, seine Truppen aus Kuwait zurückzuziehen.[71]

Mit dem Einmarsch irakischer Truppen in Kuwait war die Ölversorgung aus dem Mittleren Osten zu einem gewissen Teil in Frage gestellt. Die internationalen Ölmärkte reagierten darauf: Der Ölpreis stieg innerhalb weniger Tage von 20 auf nahezu 30 Dollar. Es war die Gefahr eines Krieges und nicht der tatsächliche Ölausfall, die in den folgenden Wochen den Ölpreis weiter bis auf über 40 Dollar ansteigen ließ. Der Ölausfall aufgrund des Ölembargos war demgegenüber relativ gering. So hatte der Irak seine Erdölexporte im ersten Halbjahr 1990 auf 2,7 Mio. Barrel erhöht, jene Kuwaits betrugen 1,7 Mio. Barrel. Der Ausfall der irakischen und kuwaitischen Ölexporte brachte somit für den Welt-Erdölmarkt einen rechnerischen Fehlbetrag von 4,4 Mio. Barrel Erdöl pro Tag; dies entsprach zwar 29 Prozent der gesamten Erdölausfuhr aus dem Nahen Osten, aber nur etwa sieben Prozent der globalen Erdölförderung.[72]

Überzogene Befürchtungen vor einer drohenden Ölversorgungskrise verbunden mit den politischen Gefahren einer militärischen Auseinandersetzung im Rahmen der Kuwait-Krise ließen den Ölpreis in den ersten Tagen nach der irakischen Invasion auf nahezu 30 US-Dollar steigen. Nur sechs Wochen vorher, Mitte Juni, war der Ölpreis auf unter 15 US-Dollar abgesackt.[73] Eine kurzfristige Erhöhung des Ölpreises in einem solchen Ausmaße hat es in den beiden letzten Jahrzehnten nur zweimal gegeben: Die erste Energiekrise 1973/74 führte zu einer Vervierfachung des Ölpreises auf nahezu 12 Dollar, und die zweite Energiekrise 1979/80 brachte eine Verdoppelung auf fast 37 Dollar.

Der Ölpreissprung von Anfang August hatte eine Vorgeschichte, die - im nachhinein betrachtet - wohl als Vorspiel für die irakische Invasion zu se-

---

[71] Siehe hierzu auch: Bernhard May, Die Kuwait-Krise und die Energiesicherheit des Westens, in: EA, 18/1990, S. 543-552.

[72] Siehe: Neue Erdölarithmetik im Nahen Osten, in: NZZ, 12./13.8.1990.

hen ist. Von Januar bis Juni fielen die Ölpreise von 22 bis auf 14 Dollar. Für diese Entwicklung war die Überproduktion von Kuwait und den VAE mitverantwortlich, die sich nicht an ihre Ölquoten hielten. Im Juni verstärkte Saddam Hussein seinen politischen Druck auf diese beiden Staaten und drohte ihnen mit militärischer Gewalt, um sie zu einer Drosselung ihrer Ölproduktion zu bewegen.[74] Saddam's Ziel war es, den Ölpreis auf 25 Dollar zu erhöhen. Der aus der Kriegszeit hochverschuldete Irak benötigte höhere Einnahmen.

Dieser Streit zog sich über mehrere Wochen hin und fand ein vorläufiges Ende auf der OPEC-Konferenz in Genf am 27. Juli: Die OPEC-Staaten einigten sich auf eine Erhöhung des Rohölrichtpreises um drei auf 21 Dollar je Barrel sowie auf eine um 400 000 Barrel verminderte Tagesproduktion von 22,5 Mio. Barrel. Sofort nach Bekanntwerden der OPEC-Beschlüsse stieg in London der Preis für Nordseeöl auf 19,6 Dollar und amerikanisches Erdöl verteuerte sich sogar auf 20,4 Dollar je Barrel.[75]

Eine Woche später ließ Saddam Hussein Kuwait überfallen. Die Ölmärkte waren bereits in einem labilen Zustand und reagierten sofort: Der Ölpreis stieg bis auf 30 Dollar und hatte sich damit innerhalb von sechs Wochen verdoppelt. Diese Nachricht schlug auf die Börsen durch und ließ die Kurse weltweit absacken.[76] Die Welt erwartete einen dritten Ölschock. Doch schon nach wenigen Tagen beruhigte sich die Lage. Der Ölpreis ging innerhalb einer Woche wieder auf unter 25 Dollar zurück und schwankte in den darauffolgenden Wochen zwischen 24 und 32 Dollar.[77] Schwindendes Vertrauen in eine friedliche Lösung des Kuwait-Konfliktes und widersprüchliche Meldungen über die Versorgungslage auf dem Welt-Ölmarkt ließen den Ölpreis Ende September auf über 40

---

[73] Die Angaben beziehen sich auf den Preis je Barrel (= 159 Liter) des Nordseeöls Brent in Dollar, der als Marktbarometer gilt.

[74] Siehe hierzu: Irak Warns Kuwait and UAE on Oil, in: IHT, 28.6.1990; und: Baghdad Threatens Oil Allies, in: IHT, 18.7.1990.

[75] Vgl.: OPEC Raises Price and Cuts Production, in: IHT, 28./29.7.1990; und: Einigung der Opec über höhere Erdölpreise, in: NZZ, 29./30.7.1990.

[76] Vgl.: Iraks Attacke läßt die Börse wackeln, in: SZ, 3.8.1990; und: Oil Fears Jolt World Markets, in: IHT, 7.8.1990; und: Nikkei Plunges 4% on Gulf Concerns, in: IHT, 14.8.1990.

[77] Vgl.: Die Hektik an den internationalen Rohölmärkten flaut ab, in: FAZ, 10.8.1990; und: Oil Futures Hit $32, OPEC Sets Talks, in: IHT, 24.8.1990.

Dollar ansteigen.[78] Damit war der nominale Ölpreis wieder auf dem Niveau von Anfang der achtziger Jahre, der reale Ölpreis war immer noch wesentlich niedriger.

Innerhalb von zwei Monaten hatte sich seit dem Einmarsch irakischer Truppen in Kuwait der Ölpreis verdoppelt und gegenüber dem Preisniveau von Mitte Juni sogar fast verdreifacht. Eine Ölpreisveränderung in diesem Ausmaße und in dieser Geschwindigkeit gab es nur bei den Energiekrisen 1973/74 und 1979/80 sowie bei der Ölpreiskrise Mitte der achtziger Jahre. In diesem Sinne wurde durch den irakischen Überfall auf Kuwait keine neue Energiekrise ausgelöst, allerdings gab es eine zumindest vorübergehende Ölpreiskrise. Der durch das Ölembargo verursachte Produktionsausfall war zu gering für einen dritten "Ölschock". So konnte der Fehlbetrag von 4,4 Mio. Barrel Erdöl pro Tag alleine durch eine erhöhte Ölproduktion Saudi-Arabiens (2 Mio. b/d), der VAE und Venezuelas (je 0,5 Mio. b/d) zum Großteil ausgeglichen werden.[79] Der fehlende Restbetrag wurde im August und September problemlos über die Lagerbestände der Ölgesellschaften ersetzt. Erheblich gesteigert haben ihre Ölproduktion dann ebenfalls Iran, Libyen und Nigeria, so daß die OPEC im Herbst 1990 ohne Irak und Kuwait mehr Öl förderte als im Juli vor dem irakischen Überfall.

Im Sommer 1990 gab es jedoch eine Ölpreiskrise, denn der Ölpreis hatte sich von Mitte Juni bis Ende September nahezu verdreifacht. Die eine Hälfte dieser Ölpreissteigerung war jedoch auf die Drosselung der OPEC-Produktion zurückzuführen und auf den "Zuchtmeister" Saddam Hussein, der sie durchsetzte. Kuwait-Krise und Ölembargo führten dann zu einer Verdoppelung der Ölpreise bis Ende September auf über 40 Dollar. Allerdings hätte der Ölpreis auf 60 Dollar steigen müssen, um den realen Höchstpreis von 1979 zu erreichen - und ein vergleichbarer wirtschaftlicher Schaden wäre gar erst bei einem Ölpreis von 85 Dollar eingetreten.[80] Für diese Preissteigerungen waren jedoch keine realen Gege-

---

[78] Vgl.: Oil Jumps to $40, Sending World Stocks Plunging, in: IHT, 25.9.1990; und: Preisanstieg für Öl noch nicht gebrochen, in: FAZ, 25.9.1990.

[79] Siehe: Die OPEC beschließt höhere Fördermengen, in: SZ, 30.8.1990; und: OPEC Boosting Output to Meet Global Shortfall, Oil Prices Drop, in: IHT, 30.8.1990; und: Gemäss IEA kein Notstand auf dem Ölmarkt. Kein Abbau der Regierungslager, in: NZZ, 2./3.9.1990; und: Keine physische Knappheit von Erdöl. Produktionserhöhung der OPEC, in: NZZ, 27.9.1990.

benheiten auf dem Welt-Ölmarkt, sondern Zukunftsängste und psychologische Faktoren verantwortlich.[81]

In den westlichen Industriestaaten löste die Ölpreiskrise keinen "Ölschock" aus, weil hierfür die zu erwartenden Auswirkungen nicht "schmerzlich" genug waren. So wurde errechnet, daß die OECD-Staaten bei einem Ölpreis von 30 Dollar zwar zusätzliche 90 Milliarden Dollar für die Ölimporte aufzuwenden hätten, doch dies wären nur 0,6 Prozent des Bruttosozialprodukts gegenüber zwei Prozent in den beiden Energiekrisen der siebziger Jahre gewesen. Weiterhin wurden für die OECD-Staaten Wachstumseinbußen von 0,2 bis 0,5 Prozent sowie eine um ein bis zwei Prozentpunkte höhere Inflationsrate prognostiziert.[82]

Anfang Oktober blieb der Ölpreis auf hohem Niveau von 40 Dollar. Damit erhielten Befürchtungen neue Nahrung, die den Ölpreis beim Ausbruch eines Krieges auf 50 bis sogar 100 Dollar ansteigen sahen.[83] Doch in den folgenden Wochen und Monaten bewegte sich der Ölpreis kontinuierlich nach unten - wenngleich mit großen Ausschlägen - vom Höchstpreis von mehr als 41 Dollar Anfang Oktober auf annähernd 23 Dollar Anfang Januar. Der wichtigste Grund für die Preisausschläge waren die politischen Bemühungen um eine friedliche Lösung der Kuwait-Krise: Jede neue Friedensinitiative ließ den Ölpreis fallen, jeder Rückschlag führte zu einem Anstieg.[84]

---

[80] Siehe hierzu: Oil shocks: Third time lucky?, in: Economist vom 6. Oktober 1990, S. 92.

[81] So wurden die hohen Ölpreise unter anderem damit erklärt, daß 'der Ölmarkt' mit einem Krieg und dabei mit der Zerstörung der saudischen Ölförderanlagen rechne. Kurz- und mittelfristig war jedoch keine Versorgungskrise zu erwarten, denn alleine schon die strategischen Ölreserven der USA reichten aus, um das damals bestehende "Ölangebot-Defizit" von etwa 1,4 Millionen Barrel pro Tag für mehr als 400 Tage auszugleichen.

[82] Vgl. hierzu: The world economy: Third time lucky, in: Economist vom 11. August 1990, S. 20-22.

[83] Vgl.: Spiraling oil price: The fear premium. Crude pushes past $41, but analysts think talk of $100 is far-fetched, in: IHT, 11.10.1990; und: Golfkrieg würde Ölpreis auf 50 Dollar treiben, in: SZ, 24./25.11.1990. So hatte auch der frühere saudische Ölminister Sheik Yamani einen Ölpreis von 100 Dollar prognostiziert für den Fall eines Kuwait-Krieges.

[84] Vgl.: Price of oil slides by more than $5. Fall linked to talk of progress in Gulf, in: WP, 23.10.1990; und: Oil drops as war fear recedes, in: IHT, 13.11.1990; und: Bush-Rede läßt

In den Tagen vor dem Auslaufen des UN-Ultimatums am 15. Januar waren die Märkte nervös und der Ölpreis stieg erneut auf über 30 Dollar an. Alle Marktteilnehmer warteten nun auf den Beginn des Krieges und befürchteten einen damit ausgelösten sprunghaften Anstieg des Ölpreises. Um dieser Entwicklung entgegenzuwirken, hatte die IEA einen Notstandsplan beschlossen, der vorsah, zwei Millionen Barrel Erdöl pro Tag (mbd) aus den strategischen Reserven an den Markt abzugeben und die Ölnachfrage um weitere 500 000 Barrel pro Tag zu reduzieren.[85]

Es kam dann ganz anders: Mit Ausbruch des Krieges in den Morgenstunden des 17. Januars stieg der Ölpreis in Asien um mehr als sechs auf bis zu 34 Dollar an, fiel später jedoch wieder auf 29 Dollar zurück. Auf den europäischen Märkten sank der Ölpreis im Laufe des Tages bis auf 21 Dollar und in New York sogar auf unter 20 Dollar. Damit war der Ölpreis wieder auf dem Niveau von Ende Juli 1990.[86]

Es gab drei Gründe für diesen 'historischen Ölpreissturz': Erstens bestand ein latentes Überangebot beim Rohöl; zweitens wurde das Ölangebot durch die Entscheidung der IEA-Staaten, die strategischen Ölreserven einzusetzen, um damit die Ölversorgung zu sichern, weiter vergrößert; schließlich - und dies war der wichtigste Grund - haben die Meldungen über große Erfolge der multilateralen Truppen schon in den ersten Stunden nach Ausbruch der Kämpfe sowie über den geringen Widerstand der irakischen Armee die Märkte auf einen kurzen Krieg ohne Zerstörung der saudischen Ölanlagen eingestimmt, den Optimisten die Überhand gegeben, die sich an den Marktdaten von Angebot und Nachfrage orientierten und dementsprechend die Ölpreise nach unten

---

den Ölpreis kräftig sinken, in: SZ, 3.12.1990; und: Gulf peace moves send oil plunging, in: IHT, 7.12.1990; und: Oil prices surge on outcome of talks, in: IHT 10.1.1991.

[85] Vgl.: Industrial nations to tap their strategic reserves, in: IHT, 18.1.1991; und: U.S. is biggest donar in emergency oil plan, in: IHT, 18.1.1991. Die USA hatten eine strategische Ölreserve von 586 Mio. Barrel und sagten zu, hiervon 1,1 mbd an den Markt abzugeben. Japan wollte sich am Notstandsplan mit 350 000 mbd, die Bundesrepublik mit 186 000 mbd, Großbritannien mit 120 000 mbd und Italien mit 130 000 mbd beteiligen; Frankreich bot an, mit verminderten Tempolimits und niedrigeren Raumtemperaturen in Büros mitzumachen. Siehe hierzu auch Kapitel 4.6.2.

[86] Siehe: World oil prices take historic plunge. Dollar and Gold also fall after allied onslaught, in: IHT, 18.1.1991; und: Niedrigster Ölpreis seit August, in: FAZ, 18.1.1991.

drückten, was wiederum zu einem starken Aufschwung an den Börsen in New York, Tokio, London, Paris und Frankfurt führte.

Während der ersten vier Wochen des Kuwait-Krieges schwankte der Ölpreis auf niedrigem Niveau zwischen 20 und 23 Dollar. In der zweiten Februarhälfte fiel der Ölpreis dann sogar auf bis zu 16 Dollar. Der vorläufige Waffenstillstand Ende Februar ließ auf den Ölmärkten wieder Ruhe einkehren, nun rückten wieder die Marktdaten in den Vordergrund. Für den Ölpreis bedeutete dies eine relative Stabilisierung auf niedrigem Niveau mit gelegentlichen Preisausschlägen nach oben. Diese Situation herrschte auch noch bei der Unterzeichnung der UN-Waffenstillstands-Resolution durch den Irak Anfang April vor; dementsprechend bewegte sich der Ölpreis zwischen 17 und 22 Dollar.[87]

Saddam Hussein hat im Frühjahr 1990 gewaltigen politischen und militärischen Druck auf Kuwait ausgeübt mit dem Ziel, die kuwaitische Ölproduktion zu vermindern, um auf diesem Wege den Ölpreis und damit wiederum die irakischen Öleinnahmen zu steigern. Ein Jahr später stand fest: Saddam Hussein hatte den 'Ölpoker' mit Kuwait verloren. Die Welt in Form der Vereinten Nationen kam Kuwait nach dem irakischen Überfall zu Hilfe und beschloß ein Ölembargo gegen den Irak, so daß die irakischen Öleinahmen ganz wegfielen. Weiterhin haben die multilateralen Truppen dem Irak eine teure und verlustreiche Niederlage beigebracht; der Irak ist nun in einem desolaten Zustand und seine Finanzen sind ruiniert. Schließlich erwies sich Saddam Husseins 'Ölwaffe' als ineffektiv und stumpf, ja sogar kontraproduktiv, denn die Ölverbraucher haben die Ölwaffe gegenüber dem Irak eingesetzt.

Nach der brutalen und unsinnigen irakischen Invasion Kuwaits, den dann folgenden Wochen und Monaten einer intensiven Suche nach einer politischen Lösung der Krise sowie nach dem - vor allem für den Irak - verlustreichen Kuwait-Krieg, nachdem die Welt acht Monate lang mit Entsetzen, Hoffen, Bangen, aber auch mit Abscheu die Ereignisse in Kuwait und Irak verfolgte, kann im Hinblick auf die Ölversorgung festgestellt

---

[87] Vgl.: Gulf talks send oil tumbling. Price approaches a 7-month low, in: IHT, 19.2.1991; und: James Tanner, Petroleum prices decline on prospects for Gulf peace, in: WSJ, 20.2.1991; und: Nur kurzer Ölpreisanstieg erwartet, in: SZ, 25.2.1991; und: Höhere Opec-Produktion drückt Rohölpreise, in: FAZ, 3.4.1991.

werden: Die Ölpreise sind wieder auf dem Niveau vom Frühjahr 1990 und das Ölangebot ist reichlicher als vor der Kuwait-Krise. Die Welt kann es sich leisten, das Ölembargo gegenüber dem Irak beizubehalten und den Irak mit den ihm zugebilligten Öleinnahmen zumindest teilweise für die angerichteten Schäden bezahlen zu lassen.

4.5 Kosten der Kuwait-Krise

Die Kuwait-Krise brachte für viele Menschen Leid, Entbehrung, Vertreibung, materielle Verluste, Elend, Not und Tod. All dies kann nur bruchstückhaft beschrieben, aber nicht mit exakten Angaben erfaßt werden. Damit ist keine Wertung verbunden, sondern es ist ganz einfach eine Realität. Relativ detailliert und umfassend können demgegenüber die militärischen und ökonomischen Kosten sowie deren Finanzierung ermittelt werden. Dies soll im folgenden geschehen. Es wird dabei insbesondere auf das Problem des burden-sharing unter den Alliierten eingegangen sowie der Versuch unternommen, zumindest die Größenordnung der ökonomischen Belastungen für die Industrie- und Entwicklungsländer aufgrund der Kuwait-Krise zu ermitteln.

4.5.1 Kuwait-Krise und burden-sharing

Schon in den ersten Stunden nach der irakischen Invasion Kuwaits war klar zu erkennen, daß nur die Vereinigten Staaten militärisch in der Lage - und wie sich später herausstellte auch politisch willens - waren, Saddam Hussein entgegenzutreten sowie Saudi-Arabien vor einem militärischen Überfall zu beschützen und die irakischen Truppen aus Kuwait zu vertreiben. In den folgenden Wochen und Monaten ging es dann darum, einerseits eine - vor allem aus politischen Gründen gewichtige - multilaterale Truppe zur Befreiung Kuwaits zusammenzustellen und andererseits die Kosten des militärischen Aufmarsches im Golf aufzuteilen.[88]

---

[88] Daß die USA als einzige Supermacht die finanziellen Lasten des militärischen Engagements auf alliierte Staaten verteilte, ist für William Pfaff ein Hinweis darauf, daß auch die amerikanische Supermacht in einer Krise steckt. Er schreibt: "The Gulf deployment was accompanied by an appeal for other nations to pay for it, a demand the United States would never have made in the past, and one that itself amounted to a tacit renunciation of Superpower standing. Superpowers pay their own way." Siehe:

Von Anfang an basierten die amerikanischen militärischen Bemühungen auf der Annahme, daß "Desert Shield" allen Staaten im Mittleren Osten und allen Industriestaaten helfen würde. Die Bush Administration folgerte daraus, daß ein multilaterales burden-sharing angebracht sei, und zwar sollten 80 Prozent der amerikanischen Militärausgaben für "Desert Shield" von den Alliierten getragen werden. Das Pentagon hatte für einen Krieg gegen Irak, der einige Monate andauern und hohe amerikanische Verluste bringen würde, Gesamtkosten von etwa 70 Milliarden Dollar ermittelt. Dementsprechend versuchte die amerikanische Regierung, von den Verbündeten Finanzzusagen in Höhe von 56 Milliarden Dollar zu erhalten - und bekam sie schließlich auch.[89]

Burden-sharing war jedoch ein schwieriges Geschäft. In zwei Phasen haben die USA den politischen Druck kontinuierlich gesteigert, um vor allem die Bundesrepublik und Japan zu höheren Finanzleistungen zu bewegen. Aus verständlichen Gründen waren Kuwait und Saudi-Arabien sofort bereit, einen Großteil der amerikanischen Militärausgaben zu übernehmen, denn schließlich diente Desert Shield zuallererst ihrem Schutz.

Die erste Phase der burden-sharing-Diskussion lief im August und September ab. Dabei ging es einerseits um eine mehr als symbolische militärische Beteiligung Großbritanniens und Frankreichs an den multilateralen Truppen, andererseits standen Japan und die Bundesrepublik im Mittelpunkt der Diskussion über die finanzielle Lastenteilung; beide Staaten lehnten eine Beteiligung an den multilateralen Truppen ab, weil die jeweilige Verfassung dies nicht zuließe, doch während dieses Argument im Falle der Bundesrepublik akzeptiert wurde, blieb der politische Druck auf Japan bestehen und Ministerpräsident Toshiki Kaifu machte den Fehler, Präsident Bush die Entsendung japanischer Streitkräfte zuzusagen, ein politisches Versprechen, das er dann nicht einhalten konnte, weil sowohl seine eigene Partei als auch das Parlament eine entsprechende Gesetzesvorlage ablehnte.

---

[89] William Pfaff, Redefining World Power, in: FA, America and the World 1990/91, S. 34-48, hier: S. 37.
So Lawrence Korb, er war assistant secretary of defense im Pentagon in der Reagan Administration, in seinem NYT op-ed-piece: Padding the Gulf war bill, in: NYT, 4.4.1991, S. A23.

Ohne eigene Truppen vor Ort zu haben, sollten die beiden 'neuen ökonomischen Supermächte' Japan und die Bundesrepublik zumindest einen gewichtigen Finanzbeitrag leisten. Doch beide Staaten haben sich in den ersten Wochen nach der irakischen Invasion diesbezüglich sehr zurückhaltend, kleinlich, passiv und insgesamt überfordert gezeigt. Während die Bundesregierung im August mit der Sowjetunion einen finanziellen Beitrag in Höhe von 7,8 Milliarden DM alleine für den Bau von Wohnungen in der Sowjetunion für die aus der noch bestehenden DDR heimkehrenden Soldaten vereinbarte, gab dieselbe Bundesregierung nur einige Tage später bekannt, daß der deutsche Beitrag für die Golf-Aktivitäten sich auf 300 Millionen Dollar belaufen werde.[90] Die japanische Regierung hat in ihren ersten Zusagen gar nur von einem Beitrag von zehn Millionen Dollar gesprochen.

Ende August verstärkte sich der politische Druck von seiten der USA auf die Alliierten, sich mit größerem Engagement im Golf zu beteiligen. Den politische Druck erzeugte vor allem der Kongreß und die Regierung setzte ihn um. So verabschiedete der Senat eine Resolution mit der Aufforderung an Präsident Bush, in den Verhandlungen mit ausländischen Regierungschefs deutlich zu machen, daß eine 'ungenügende Beteiligung' an den Golf-Aktivitäten einen "detrimental impact" auf die Beziehungen mit den Vereinigten Staaten haben würde. Und im Repräsentantenhaus hat der Abgeordnete John D. Dingell, ein Demokrat aus Michigan, eine Gesetzesvorlage eingebracht, die einen Strafzoll von 20 Prozent für Waren von jenen Ländern vorsah, die sich nicht mit einem "fairen Anteil" an den Kosten von Desert Shield beteiligen würden. Schließlich hat das Repräsentantenhaus mit 370 gegen 53 Stimmen eine Gesetzesänderung gebilligt und damit Japan sämtliche Kosten für die dort stationierten 50 000 amerikanischen Soldaten aufgebürdet; bei einer Weigerung Japans

---

[90] Der Sowjetunion wurden insgesamt 13,5 Mrd. DM für den Rückzug der sowjetischen Truppen zugesagt. Hierzu schreibt Karl Kaiser: "Bonn verpflichtete sich, zu den Kosten der Stationierung beizutragen (3 Milliarden DM bis 1994), zum Transport der abzuziehenden Streitkräfte (1 Milliarde DM), zur Weiterbildung der Soldaten für Zivilberufe (200 Millionen DM) und zum Bau von Wohnungen in der Sowjetunion für zurückgeführte sowjetische Truppen und deren Familien (7,8 Milliarden DM). Ein zusätzlicher, zinsfreier Kredit von 3 Milliarden DM (Kosten für Bonn: 1,5 Milliarden DM) kann von der Sowjetunion für ihren eigenen Anteil an den Stationierungskosten genutzt werden." Karl Kaiser, Deutschlands Vereinigung - Die internationalen Aspekte, Bergisch Gladbach 1991, Fußnote 18, S. 77.

drohten die Abgeordneten mit einem schrittweisen Truppenabzug von 5000 Mann pro Jahr.[91]

Im September mußten sich Bonn und Tokio diesem politischen Druck beugen. Mit Hilfe eines relativ großzügigen Finanzpakets versuchten beide Regierungen, den angerichteten politischen Schaden einzugrenzen. So beschloß die Bundesregierung einen deutschen Beitrag zu den Golf-Aktionen in Höhe von zwei Milliarden Dollar; die Hälfte des Betrages sollte als direkte Leistung an die USA gehen.[92]

Japans erstes Golf-Hilfspaket von Anfang September fiel mit knapp einer Milliarde Dollar noch zu gering aus, so daß Tokio Mitte September mit einem zweiten Golf-Hilfspaket mit einem Volumen von drei Milliarden Dollar nachbessern mußte. Vom finanziellen Engagement Japans in Höhe von nunmehr vier Milliarden Dollar waren zwei Milliarden zur Unterstützung der multilateralen Streitkräfte im Golf, also für die USA, vorgesehen.[93]

Eine zweite Phase der burden-sharing-Diskussion erstreckte sich über die Monate November bis Januar. Im November hatte Präsident Bush die Verdoppelung der amerikanischen Truppen angeordnet und damit seine offensive Strategie bekanntgegeben. Zusätzliche Truppen verursachten weitere Militärausgaben, also war ein neuerliches burden-sharing angesagt. Dieses Argument fand vor allem im Kongreß breite Unterstützung,

---

[91] Siehe hierzu zum Beispiel: Barry James, Allies should do more, Americans say, in: IHT, 12.9.1990; und: U.S. Lawmakers deride Bonn and Tokyo aid level, in: IHT, 13.9.1991; auch: Jeffrey Smith, Influential Congressmen urge greater allied contrtibution to Gulf effort, in: IHT, 17./18.11.1990.

[92] Siehe hierzu: Nach den eindringlichen amerikanischen Appellen: Kohl sagt den Verbündeten Hilfe in der Golfkrise zu, in: SZ, 14.9.1990; und: David Hoffman und Marc Fisher, Bonn promises $2 billion aid package, in: IHT, 17.9.1990; und: Zur Finanzierung der Golf-Aktionen: Kohl sagt den USA 3,3 Milliarden Mark zu, in: SZ, 17.9.1990.

[93] Vgl.hierzu: Gebhard Hielscher, Nach den lautstarken amerikanischen Forderungen: Japan stockt Hilfe für Nahost auf, in: SZ, 15./16.9.1990; und: Zweites Golf-Hilfspaket Japans. Insgesamt nun vier Milliarden Dollar, in: NZZ, 16./17.9.1990. Obwohl die japanische Regierung einen Zusammenhang zwischen dem amerikanischen politischen Druck und dem zweiten Golf-Hilfspaket bestritt, ist doch auffällig, daß der Gesamtbetrag genau das Volumen aufwies, das der amerikanische Finanzminister Brady bei seinem Blitzbesuch am 7. September gefordert hatte.

der sich im November und Dezember intensiv mit dem amerikanischen Engagement im Golf beschäftigte.

Nach Ausbruch des Kuwait-Krieges am 17. Januar ergab sich eine ganz neue Lage: Nun ging es nicht mehr um die Kosten für Desert Shield, sondern um die Finanzierung eines Krieges, Soldaten würden sterben, aber keine deutsche oder japanische, die Militärausgaben eskalierten und der politische Druck auf Japan und die Bundesrepublik verstärkte sich geradezu explosionsartig. Im Falle der Bundesrepublik kam noch erschwerend hinzu, daß bei jeder irakischen Scud-Rakete, die auf Israel niederging, ein Gasangriff befürchtet werden mußte.

Eine Woche nach Kriegsbeginn hat Japan reagiert und seinen Finanzbeitrag für die multilateralen Truppen um neun Milliarden Dollar auf nunmehr insgesamt elf Milliarden Dollar aufgestockt.[94] Fünf Tage später erhöhte die Bundesrepublik ihren Finanzbeitrag an die Vereinigten Staaten um 5,5 Milliarden Dollar; ferner hat die Bundesregierung Einheiten der Raketenabwehrsysteme 'Roland' und 'Hawk' in die Türkei verlegt und Israel umfangreiche Unterstützung mit Abwehr-Raketen und Panzern zugesagt.[95] Weiterhin beschloß die Bundesregierung eine Finanzhilfe für Großbritannien in Höhe von 800 Millionen Mark und für Frankreich weitere 300 Millionen Mark.[96]

---

[94] Vgl. Hierzu: Steven R. Weisman, Despite discord, Japan vows $9 billion in aid, in: IHT, 25.1.1991; und: Massive Finanzhilfe Japans an die Kriegskosten der Alliierten. Entsendung von Militärflugzeugen für Flüchtlingstransporte, in: NZZ, 26.1.1991. Bei der Festsetzung der neuerlichen Finanzhilfe wurde für Japan ein Beitrag von 20 Prozent der rund 500 Mio. Dollar Kriegskosten pro Tag für die ersten drei Monate zugrundegelegt. Kurze Zeit nach der japanischen Finanzzusage führte eine Dollaraufwertung zu einem neuerlichen Konflikt darüber, wer den entstandenen Aufwertungsverlust zu tragen hätte. Die japanische Regierung überwies den vom Parlament gebilligten Yen-Betrag, während die amerikanische Regierung den zugesagten Dollar-Betrag erwartete. Die Differenz betrug 500 Mio. Dollar. Der Streit zog sich wochenlang hin. Erst Ende Mai wurde der Streit dadurch gelöst, daß Japan auch den Restbetrag bezahlte. Siehe hierzu: James Sterngold, Japan, giving in, agrees to pay more in Gulf aid, in: IHT, 22.5.1991.

[95] Vgl. hierzu: Marc Fisher, War aid package by Bonn includes $5.5 billion for U.S., in: IHT 30.1.1991; und: Timothy Aeppel, Germans pledge to boost aid to Gulf effort by $5.5 billion, in: WSJ, 30.1.1991; und: Abwehr-Raketen und Panzer für Israel. Washington erhält acht Milliarden Mark, in: SZ, 30.1.1991; und: Bonn zahlt an Washington acht Milliarden Mark. Ausrüstung und Material für Israel, in: FAZ, 30.1.1991.

[96] Vgl.: Deutsche Finanzhilfe für Großbritannien, in: FAZ, 1.2.1991; und: Bonn zahlte 300 Millionen an Paris für Golf-Krieg, in: SZ, 7.3.1991.

Neben Japan und der Bundesrepublik haben auch Kuwait und Saudi-Arabien ihren Finanzbeitrag für die multilateralen Truppen um jeweils 13,5 Milliarden Dollar sowie die VAE um weitere zwei Milliarden Dollar erhöht; schließlich sagte Süd-Korea einen zusätzlichen Finanzbeitrag von 280 Millionen Dollar zu.[97]

Damit erhielt die USA bis Ende Januar Gesamtzusagen in Höhe von 54,5 Milliarden Dollar zur Finanzierung von Desert Shield und Desert Storm für die Zeit vom 2. August 1990 bis Ende März 1991; davon waren 53,5 Milliarden Dollar Finanzleistungen und der Rest Sachleistungen. Die Finanzleistungen kamen von sechs Staaten: Saudi-Arabien 16,8 Milliarden Dollar, Kuwait 16 Milliarden Dollar,[98] Japan 10,7 Milliarden Dollar, die Bundesrepublik 6,5 Milliarden Dollar, die VAE drei Milliarden Dollar und Süd-Korea 385 Millionen Dollar.[99]

Alleine für die ersten drei Monate 1991 schätzte die amerikanische Regierung die Kosten für die Militäroperation am Golf auf 56 Milliarden Dollar, davon waren 41 Milliarden Dollar von den oben erwähnten sechs Staaten übernommen worden, so daß für den amerikanischen Steuerzahler 15 Milliarden Dollar übrig blieben. In der Zeit vom 2. August bis Ende Dezember hat das amerikanische Engagement am Golf nach Angaben von Budgetdirektor Darman zehn Milliarden Dollar gekostet, und davon seien 8-9 Milliarden Dollar von den Alliierten getragen worden.[100]

Da der Kuwait-Krieg dann wesentlich kürzer als erwartet war, kam es im März zu einer teils heftig geführten Diskussion über einen möglichen 'Kriegsgewinn' für die Vereinigten Staaten. So hat das Congressional

---

[97] Vgl.: Saudis pledge $13.5 billion more to allied effort, in: IHT, 28.1.1991; und: Damon Darlin, Seoul pledges to increase funds for allied war effort, in: WSJ, 31.1.1991.

[98] Nach offiziellen Angaben hat die Befreiung Kuwaits von den irakischen Truppen das Emirat insgesamt 22,6 Mrd. Dollar gekostet, davon seien alleine 18,5 Mrd. Dollar den USA zugesagt worden. Vgl.: Befreiung kostete Kuwait 22,6 Milliarden Dollar, in: SZ, 19.6.1991.

[99] Vgl. hierzu: Foreign commitments to operation desert shield, in: U.S. Policy Information and Texts, Nr.28 vom 15.2.1991, S. 13f.; und: Jerry Stilkind, U.S. estimates war cost at more than $42,000 million, in: U.S. Policy Information and Texts, Nr.32 vom 25.2.1991, S. 15 ff.

[100] Vgl.: U.S. puts first-quarter war cost at $56 billion, in: IHT, 16./17.2.1991; und: Grobe Schätzungen der Kosten des Golfkriegs. Vertrauen der USA auf Lastenzuschüsse der Alliierten, in: NZZ, 30.1.1991.

Budget Office (CBO) die tatsächlichen amerikanischen Kriegskosten mit 40 Milliarden Dollar angegeben; und das House Appropriations Committee addierte die Gesamtkosten auf 42,6 Milliarden Dollar. Gleichzeitig gab es aber Unterstützungszusagen der Alliierten an die USA in Höhe von 54,5 Milliarden Dollar. Damit gab es zumindest einen rechnerischen 'Kriegsgewinn' für die USA in Höhe von 12-15 Milliarden Dollar.[101]

Diese Zahlen wurden vom SPD-Politiker Wolfgang Roth aufgegriffen, der verlangte, es dürfe keinen amerikanischen 'Kriegsgewinn' geben und die Bundesrepublik solle entsprechend den tatsächlichn Kriegskosten ihre Finanzzusagen an die USA kürzen.[102] Drei Tage später flog Bundesfinanzminister Waigel nach Washington, um über den deutschen Beitrag zum Kuwait-Krieg zu sprechen. Die Bonner Finanzzusagen wurden bei diesen Gesprächen bestätigt, doch gab es zwei wichtige Erklärungen der amerikanischen Regierung: Einerseits wollte Washington aus den Zahlungen der Verbündeten keine Geschäfte machen, andererseits wurde für den Fall, daß die zugesagten Beträge die tatsächlichen Kosten übertreffen sollten, ausdrücklich eine Rückzahlung in Aussicht gestellt.[103]

In den folgenden Wochen riß die Diskussion jedoch nicht ab. Im Mittelpunkt stand nun die Frage, was zu den direkten Kriegskosten zu zählen sei. So beschuldigte Lawrence Korb, assistant secretary of defense in der Reagan Administration, das Pentagon, sich ungerechtfertigerweise aus

---

[101] Siehe hierzu: Peter Passell, Bottom line on the war: For the U.S., not so bad, in: IHT, 4.3.1991; und: A nice little earner, in: The Economist vom 9. März 1991, S. 46; und: Keine zusätzlichen Belastungen. Kosten des Golfkriegs: "Ein Batzen Geld in Uncle Sam's Tasche", in: FAZ, 16.3.1991; und: Sam Burks, U.S. will not profit from Gulf War, Bush officials say, in: U.S. Policy Informations and Texts, Nr.53 vom 2. April 1991, S. 31 f.

[102] Siehe: Bonn plans U.S. talks on reducing war aid, in: IHT, 20.3.1991; und: Verhandlungen über Beitrag zum Golfkrieg, in: FAZ, 21.3.1991; und: Nach Kritik an Höhe der amerikanischen Forderungen: Bonn will Zahlungen überprüfen, in: SZ, 21.3.1991. Allerdings waren zu diesem Zeitpunkt von den zugesagten Beiträgen in Höhe von 54,5 Mrd. Dollar erst 25,6 Mrd. Dollar im Pentagon eingegangen. Dies führte zu einer großen Verärgerung im Kongreß, so daß der Senat jenen Alliierten, die mit ihren Beitragsleistungen im Verzug waren, einen völligen Stopp amerikanischer Rüstungslieferungen androhte; gemeint waren vor allem die arabischen Verbündeten. Siehe hierzu: Senate would penalize Gulf War aid debtors, in: IHT, 20.3.1991; und: Der Senat droht mit Waffenexportverbot, in: FAZ, 21.3.1991.

[103] Siehe: Bonn vows to fulfill war pledge to U.S., in: IHT, 22.3.1991; und: Rückkehr Finanzminister Waigels aus Washington: Unveränderter Golfkriegsbeitrag Bonns, in: NZZ, 29./30.3.1991.

den Finanzleistungen der Verbündeten 'bedient' zu haben, um reguläre Militärausgaben zu finanzieren, und zwar in doppelter Hinsicht: "First, it has switched funding for the war's glamour missiles from its regular budget to the supplemental budget. ... Second, the military wants the allies to pay for normal wear and tear of equipment." Als Schlußfolgerung stellt Korb fest: "From the beginning of the conflict, the Pentagon tried to use this off-budget and foreign-funded account to offset the reductions mandated by last fall's budget agreement. If we want our allies to fund the war in full or pay us for spilling our blood, we ought to say so."[104]

Zum Kuwait-Krieg kann insgesamt festgestellt werden, daß er von den USA militärisch geführt und überzeugend zu Ende gebracht wurde, finanziert haben den Krieg allerdings vor allem Saudi-Arabien, Kuwait, Japan und die Bundesrepublik.[105] Andere Staaten haben sich mit Truppen beteiligt und die Kosten ganz oder teilweise selber getragen. So haben Großbritannien und Frankreich zum Teil beträchtliche Beitragsleistungen

---

[104] Lawrence Korb, Padding the Gulf War Bill, in: NYT, 4.4.1991, S. A23. Im Omnibus Reconciliation Act von 1990 wurde festgelegt, für die Kriegsausgaben einen Sonderhaushalt aufzustellen; die Kriegsausgaben sollten zudem nicht dazu verwendet werden, die regulären Militärausgaben zu ersetzen. Siehe hierzu auch: Doppelte Buchführung über Golfkriegskosten? US-Sorgen über ausstehende Finanzbeiträge der Alliierten, in: NZZ, 2.3.1991.

[105] In einer Anhörung im House Foreign Affairs Committee machte der assistant secretary for economic and business affairs, Eugene J. McAllister, am 14. Mai 1991 zum burdensharing folgende Angaben: Die Finanzbeiträge beliefen sich insgesamt auf mehr als 70 Mrd. Dollar; davon waren 16 Mrd. Dollar von 26 Ländern zur Unterstützung der Frontlinienstaaten aufgebracht worden. Im Rahmen des militärischen burden-sharing erhielt die USA Finanzzusagen von 54,6 Mrd. Dollar; andere alliierte Truppen wurden von Kuwait, Saudi-Arabien und den VAE mit 6 Mrd. Dollar unterstützt; die Bundesrepublik unterstützte die britischen Truppen mit 822 und Japan mit 330 Millionen Dollar. Kuwait hat nach Angaben von McAllister insgesamt 16 Mrd. Dollar den USA, weitere 3,7 Mrd. Dollar als Wirtschaftshilfe und 1,3 Mrd. Dollar Großbritannien zugesagt. Saudi-Arabiens Finanzleistungen gab McAllister mit 16,8 Mrd. Dollar für die USA, weitere 4,7 Mrd. Dollar für Wirtschaftshilfe und zusätzliche 3,4 Mrd. Dollar für andere alliierte Truppen an. Die Bundesrepublik unterstützte das amerikanische Engagement mit 6,6 Mrd. Dollar, leistete 1,3 Mrd. Dollar an Wirtschaftshilfe, weitere 822 Millionen Dollar an Großbritannien, finanzielle Unterstützung von einer Mrd. Dollar an die Türkei und weitere Finanzleistungen in Höhe von einer Mrd. Dollar. Japan hat elf Mrd. Dollar für die alliierten Länder sowie 2,6 Mrd. Dollar für Wirtschaftshilfe aufgebracht. Schließlich unterstützten die VAE die USA mit 4 Mrd. Dollar, europäische Alliierte mit einer Mrd. Dollar und sagten 1,4 Mrd. Dollar als Wirtschaftshilfe zu. Zu diesen Zahlenangaben siehe: Gulf responsibility-sharing efforts, Eugene J. McAllister, assistant secretary for economic and business affairs, statement before the House Foreign Affairs Committee, May 14, 1991, abgedruckt in: US Department of State Dispatch, May 20, 1991, S. 361 f.

erhalten. Der britische Einsatz im Kuwait-Krieg soll etwa 8,7 Milliarden DM gekostet haben; die Beiträge verbündeter Staaten beliefen sich auf 3,8 Milliarden DM, davon alleine 800 Millionen DM von der Bundesrepublik.[106]

Im Falle Frankreichs gab es ebenfalls eine Diskussion darüber, ob Paris am Kuwait-Krieg verdient habe. Die militärischen Kosten für den Kuwait-Krieg wurden vom französischen Finanzminister Pierre Bérégovoy mit rund 1,9 Milliarden DM angegeben. Der Emir von Kuwait sagte eine Finanzunterstützung von 1,6 Milliarden DM zu, Bonn folgte mit einer Zusage von 300 Millionen DM und Belgien mit weiteren 45 Millionen DM. Die Kosten des französischen Engagements im Golf wurden damit zu mehr als 100 Prozent von alliierten Staaten getragen, Frankreich konnte einen finanziellen Gewinn verzeichnen.[107] Obwohl der Kuwait-Krieg kürzer als erwartet war - und damit wohl auch billiger -, hat Frankreich seine Kriegskostenrechnung nach dieser Diskussion auf 2,3 Milliarden DM erhöht.[108]

Als ein weiterer 'Krisengewinnler' wurde schon im Herbst 1990 immer wieder Saudi-Arabien genannt, und zwar aus drei Gründen. Erstens galt das militärische Engagement der USA im Golf vor allem dem Schutz Saudi-Arabiens vor einem irakischen Überfall; deshalb hätte Saudi-Arabien für die Kosten aufkommen sollen. Zweitens hätte Saudi-Arabien aufgrund seines Reichtums das amerikanische Engagement alleine bezahlen können. Und drittens schließlich machte Saudi-Arabien als Auswirkung des Kuwait-Krise einen gewaltigen windfall profit, da die saudischen Öleinnahmen wegen der Ölpreissteigerungen und der gesteigerten Ölproduktion beträchtlich in die Höhe gingen; so wurden für Saudi-Arabien zu-

---

[106] Vgl.: Deutsche Finanzhilfe für Großbritannien, in: NZZ, 1.2.1991. Zur logistischen Unterstützung für Großbritannien schreibt Günther Gillessen: " Für die britische Armee war Deutschland sogar die Hauptbasis ihres Truppenaufmarsches am Golf." Siehe: Günther Gillessen, Deutschland Hauptbasis für den Truppenaufmarsch am Golf, in: FAZ, 5.6.1991.

[107] Weiterhin brachte die Kuwait-Krise ökonomische Vorteile für Frankreich. So hat die Kuwait-Krise die französischen Waffenexporte im Jahre 1990 um 67 Prozent ansteigen lassen und hat damit die französische Rüstungsindustrie vor Massenentlassungen bewahrt. Siehe hierzu: Gulf crisis boosted demand for French arms, in: IHT, 3.7.1991; und: Golfkrieg hilft Frankreichs Rüstungsindustrie, in: FAZ, 5.7.1991.

sätzliche Öleinnahmen von bis zu 60 Milliarden Dollar pro Jahr prognostiziert. Die tatsächlichen zusätzlichen saudischen Öleinnahmen bis Januar 1991 wurden demgegenüber mit 13-15 Milliarden Dollar ermittelt. Etwa in dieser Größenordnung hat sich Saudi-Arabien an den Kriegskosten der USA beteiligt.[109]

Aufgrund seiner wesentlich gesteigerten Ölproduktion kann Saudi-Arabien im Jahre 1991 bei einem durchschnittlichen Ölpreis von 20 Dollar zusätzliche Öleinnahmen von mehr als 21 Milliarden Dollar erwarten. Andererseits hat Saudi-Arabien nicht nur den USA, sondern auch den Nachbarstaaten und anderen Teilnehmern am Kuwait-Krieg Unterstützung in Milliardenhöhe zugesagt. Über diese Finanzleistungen gibt es keine genauen Angaben.[110] Es kann deshalb nur vermutet werden, daß zumindest die zusätzlichen Öleinnahmen alliierten und Nachbarstaaten zugute kamen.

Andere Staaten haben ihre militärische Beteiligung als Grund angegeben, um eine finanzielle Unterstützung der USA abzulehnen, wie im Falle Italiens,[111] Spaniens, Portugals, oder haben amerikanischen Druck standgehalten und höhere Finanzbeiträge verweigert, so etwa die VAE.[112]

---

[108] Vgl.: Bonn zahlte 300 Millionen an Paris für Golf-Krieg, in: SZ, 7.3.1991; und: Kuwait pledges to pay 40% of France's Gulf war costs, in: WSJ, 26.2.1991; und: Verdient Paris am Golfkrieg, in: FAZ, 23.3.1991.

[109] Siehe hierzu: Sharing responsibility for the effort in the Gulf, in: U.S. Policy Information and Texts, Nr.7 vom 14.1.1991, S. 33 ff.

[110] So wurden nach dem Ende des Kuwait-Krieges die saudischen Finanzzusagen auf über 64 Mrd. Dollar addiert. Alleine für die alliierten Truppen in Saudi-Arabien sollen mehr als 20 Mrd. Dollar aufgewendet worden sein. Der Sowjetunion wurden Kredite in Höhe von vier Mrd. Dollar zugesagt. Die Finanzhilfe für Ägypten soll 1,7 Mrd. Dollar, für die Türkei 1,2 Mrd. Dollar und für Syrien 1,1-1,6 Mrd. Dollar betragen haben; Marokko, Libanon, Somalia, Bahrain und Djibouti erhielten ebenfalls saudische Unterstützung. Auf der anderen Seite hat Saudi-Arabien seine Unterstützung für den Jemen, für Jordanien und für die Palästinenser erheblich oder ganz gestrichen. Ferner ist nicht bekannt, was in die saudischen "Kriegsausgaben" eingerechnet wurde. Während andere Staaten zur Finanzierung ihrer Beiträge Steuern erhöhten, hat Saudi-Arabien seine Kriegsausgaben aus bestehenden Reserven oder aus den höheren Öleinnahmen finanziert. Siehe zu den Zahlenangaben: David B. Ottaway, $64 billion question: Can Saudis fulfill wartime pledges?, in: IHT, 4.4.1991.

[111] Die USA wollten von Italien einen Beitrag von 160 Mio. Dollar im Monat. Doch die italienische Regierung lehnte mit dem Hinweis auf die militärische Beteiligung an den mulitlateralen Truppen (vier Kriegsschiffe und zehn Kampfflugzeuge) die amerikani-

Werden nicht nur die militärischen Kosten, sondern auch die humanitären und ökonomischen Unterstützungen für Staaten im Nahen und Mittleren Osten berücksichtigt, dann zeigt sich die finanzielle Sonderrolle Japans und der Bundesrepublik noch deutlicher. So addierten sich die deutschen Leistungen im Zusammenhang mit dem Kuwait-Krieg auf insgesamt 17,6 Milliarden DM;[113] die Hilfe an die Kurden ließ den Gesamtbetrag auf über 18 Milliarden DM ansteigen.[114] Die japanische Regierung gab die eigenen Unterstützungsleistungen mit 13 Milliarden Dollar an.[115] Damit leistete Japan pro Kopf der Bevölkerung fast 110 Dollar und die Bundesrepublik sogar über 140 Dollar. Angesichts dieser Größenordnung der deutschen Beiträge kommen Karl Kaiser und Klaus Becher zu folgender Bewertung: "When seen in its entirety, the substantial German contribution clearly illustrates that Germany was in fact not an unreliable ally."[116]

Sowohl die Bundesrepublik als auch Japan hätten außenpolitische Probleme vermeiden sowie ihre finanziellen Beiträge vermindern können, wenn sie bereits im Herbst 1990 Minensuchboote in den Golf verlegt hätten. Doch beide Staaten taten dies erst im März 1991 - nach dem Ende des Kuwait-Krieges. Die Bundesrepublik schickte fünf Minensuchboote

---

sche Forderung ab. Siehe: Unter Hinweis auf erbrachte Leistungen: Rom will nicht mehr zahlen, in: SZ, 13.2.1991.

[112] Von den VAE wollten die USA eine finanzielle Unterstützung von sieben Mrd. Dollar und hielten dies angesichts des Reichtums sowie der Nähe der VAE zum Irak für angebracht. Doch die VAE weigerten sich und erhöhten ihren Beitrag von drei Mrd. Dollar nicht. Dies wiederum sorgte für großen politischen Ärger im amerikanischen Senat. Siehe hierzu: Senate would penalize Gulf war aid debtors, in: IHT, 20.3.1991.

[113] Nicht berücksichtigt ist dabei die Bedeutung der Bundesrepublik als logistische Basis für den amerikanischen Truppenaufmarsch. Siehe hierzu: Günther Gillessen, Deutschland Hauptbasis für den Truppenaufmarsch am Golf, in: FAZ, 5.6.1991.

[114] Die deutschen Gesamtleistungen beliefen sich auf über 11,4 Mrd. Dollar, und zwar 9,7 Mrd. Dollar für Militärgüter, Logistik und finanzielle Beiträge an alliierte Staaten und Israel (davon alleine 5,5 Mrd. Dollar an die USA) sowie 1,7 Mrd. Dollar an Wirtschaftshilfe vor allem an Ägypten, Jordanien und die Türkei. Vgl.: Unveränderter Golfkriegsbeitrag Bonns, in: NZZ, 29./30.3.1991; und: Bonn erhöht Hilfe für die Kurden, in: SZ, 17.4.1991.

[115] Siehe: Japanese cooperation for the Gulf situation, in: Foreign Press Center, Press release Nr. 0091-19 vom 7.2.1991.

[116] Karl Kaiser und Klaus Becher, Germany and the Iraq conflict, in: Institute for Security Studies (WEU), The Gulf Crisis and European Cooperation on Security Issues, Paris 1991 (im Druck) (Manuskript S. 12). Eine deutsche Fassung dieses Beitrages ist in Vorbereitung.

und zwei Versorgungsschiffe in den Golf, und zwar um "humanitäre Hilfe" bei der Beseitigung der Kriegsfolgen im Golf zu leisten.[117] Japan entsandte vier Minensuchboote und zwei Versorgungsschiffe mit dem Auftrag, einen "friedlichen und humanitären Beitrag" zur Wiederherstellung der Sicherheit der Seewege im Golf zu leisten.[118] In beiden Staaten wurde damit ein Präzedenzfall für die out-of-area-Problematik geschaffen. Es bleibt abzuwarten, ob eine Neuinterpretation oder eine Abänderung der jeweiligen Verfassung eine Konsequenz aus diesem Militäreinsatz sein wird.

4.5.2 Ökonomische Belastungen für die Industriestaaten

Die irakische Invasion Kuwaits am 2. August 1990 machte den westlichen Industrieländer ihre Abhängigkeit vom arabischen Erdöl klar und weckte Befürchtungen vor den ökonomischen Folgen einer dritten Energiekrise. Der Ölpreis verdoppelte sich innerhalb weniger Wochen und damit war die Gefahr eines externen 'Ölschocks' für alle ölabhängigen Volkswirtschaften gegeben. Die bereits labilen Finanz- und Kapitalmärkte reagierten, die Börsenkurse fielen, Zinsen und Inflation stiegen. Hatte Saddam Hussein den dritten Ölschock ausgelöst? Die Antwort lautet nein, doch in den Wochen nach dem irakischen Überfall waren die Märkte nervös und die Psychologie bestimmte das Marktgeschehen, fundamentale Marktdaten blieben zumindest zeitweise unberücksichtigt.

In den beiden Energiekrisen in den siebziger Jahren hat ein externer Ölschock jeweils zu schwerwiegenden ökonomischen Belastungen für die Industriestaaten geführt. So stieg ihre Ölimportrechnung um 2,5 Prozent des BSP im Jahre 1974 an (bzw. 1,5 Prozent in 1979), das Wirtschaftswachstum fiel um 2,3 Prozent (bzw. 1,7 Prozent), die Inflation erhöhte sich um 8,6 bzw. 4,4 Prozent und die nominalen kurzfristigen Zinssätze stiegen um 6,8 bzw. 4,9 Prozent.[119] Hohe Arbeitslosigkeit, enorme Staats-

---

[117] Siehe hierzu: Bonn schickt fünf Minensuchboote in den Golf, in: SZ, 7.3.1991; und: Deutsche Minensuchboote in den Golf. Out-of-Area-Einsatz als "humanitäre Hilfe", in: NZZ, 8.3.1991.

[118] Siehe: Uwe Schmitt, Großzügige Verfassungsauslegung. Minensuchboote Japans auf dem Weg zum Golf, in: FAZ, 25.4.1991; und: Gebhard Hielscher, Nippon zeigt Flagge am Golf. Asiatische Staaten zeigen Verständnis für die Entsendung japanischer Minensuchboote, in: SZ, 7.5.1991.

verschuldung und gewaltige Außenhandelsungleichgewichte waren die Folge.

Die Ölpreiskrise des Sommers 1990 sollte demgegenüber nach Berechnungen des Währungsfonds zu wesentlich geringeren ökonomischen Belastungen für die Industriestaaten führen. So prognostizierte der IWF für die Industriestaaten einen Wachstumsverlust von 0,25 Prozent in 1990 und 0,5 Prozent in 1991 bei gleichzeitigem Inflationsanstieg von 0,25 Prozent in 1990 und von 0,5 bis 0,75 Prozent in 1991. Bei seinen Berechnungen ging der Währungsfonds von einem Ölpreis von 26 Dollar aus, der bis Ende 1991 stetig auf 21 Dollar zurückgehen werde.[120]

Es waren vor allem vier Faktoren, die einen dritten Ölschock verhinderten: Ölpreisniveau, Energieintensität, Ölintensität und Ölimportabhängigkeit. Seit der ersten Energiekrise 1973/74 haben fast alle Industriestaaten ihre Abhängigkeit vom importierten Erdöl zumindest zeitweise vermindert, sei es durch eine Reduzierung der Öleinfuhren, sei es durch eine breitere Streuung der Öllieferanten. Dies gilt im besonderen Maße für die USA und die EG, die beide ihre Abhängigkeit durch die Erschließung eigener Ölvorkommen verringerten, die USA in Alaska, die EG in der Nordsee.

Seit der ersten Energiekrise haben die Industriestaaten ihre Energieintensität und ihre Ölintensität wesentlich verbessert. So haben die EG-Staaten ihre Energieintensität, also die Menge an Primärenergie, die zur Erwirtschaftung einer Einheit des Bruttoinlandsprodukts benötigt wird, seit 1972 um ein Viertel vermindert; Japan und die USA verbesserten ihre Energieintensität sogar um mehr als 30 Prozent. Die Ölintensität sank infolge der Substitution durch andere Energieträger sogar noch stärker: So haben die EG-Staaten und Japan ihre Ölintensität in den vergangenen zwei Jahrzehnten nahezu halbiert, die USA hat mehr als ein Drittel eingespart; allerdings stieg im Falle der USA in der zweiten Hälfte der achtziger

---

[119] Zu diesen Zahlenangaben siehe: Kommission der EG, Jahreswirtschaftsbericht 1990-1991, in: Europäische Wirtschaft, Dezember 1990, insbesondere Tabelle 5 auf S. 119 und Tabelle 8 auf S. 124.

[120] Siehe hierzu: IMF urges policies to counter oil's rise, in: IHT, 12.9.1990; und: IWF: Industriestaaten verkraften die Golfkrise, in: FAZ, 20.9.1990; auch: Währungsfonds warnt vor den alten Fehlern. Steigenden Ölpreisen nicht mit Subventionen oder Preiskontrollen begegnen, in: SZ, 25.9.1990.

Jahre die Nettoeinfuhr-Ölintensität wieder erheblich an und erreichte erneut das Niveau zu Zeiten der ersten Energiekrise.[121]

Schließlich der wichtigste Grund dafür, daß es zu keinem Ölschock kam: der Ölpreisanstieg war dafür zu gering. Ein Ölpreis von bis zu 30-35 Dollar brachte für die OECD-Staaten ökonomische Probleme mit sich, doch wurden sie dadurch nicht in eine wirtschaftliche Krise gestürzt. Die zeitweise Verdoppelung des Ölpreises im Sommer 1990 war wesentlich geringer als bei den ersten beiden Ölschocks. So stieg der Ölpreis 1973/74 um fast 400 Prozent und 1979/80 um 260 Prozent. Dabei gilt es zu berücksichtigen, daß die realen Ölpreise seit Anfang der achtziger Jahre gesunken sind und vor der neuerlichen Ölverteuerung sogar das Niveau von Anfang der siebziger Jahre erreicht hatten.[122] Der nominale Ölpreis hätte deshalb im Sommer 1990 auf mindestens 55 Dollar steigen müssen, um den gleichen Ölschock wie in der zweiten Energiekrise 1979/80 auszulösen.[123]

Zwar stieg der Ölpreis im Sommer 1990 nur vorübergehend auf über 40 Dollar, doch blieb der Ölmarkt sehr nervös und labil, so daß Ölpreisprognosen von 65 oder gar 100 Dollar[124] für den Fall eines Krieges immer wieder zu Preisausschlägen und zur Verunsicherung der Marktteilnehmer führten. Diese psychologischen Elemente bestimmten insbesondere die Entwicklungen an den Börsen. Nach einem mäßigen Start kam es im Frühjahr 1990 zu deutlichen Kurserholungen an den Börsen. Zur Jahresmitte erlahmten jedoch die Auftriebskräfte. Mit dem Ausbruch der Kuwait-Krise fielen die Aktienkurse dann rasch und beträchtlich. So mußten alle wichtigen Börsenplätze das Börsenjahr 1990

---

[121] Das Beispiel der USA zeigt die Bedeutung solcher Sparmaßnahmen besonders deutlich: Wäre es den Vereinigten Staaten gelungen, die Erdölintensität auf das japanische Niveau zu verbessern, dann hätten die USA im August 1990 statt 16 nur noch 9 Millionen Barrel Erdöl pro Tag verbraucht. Das eingesparte Öl hätte den Ausfall des irakischen und kuwaitischen Öls bei weitem ausgleichen können.

[122] Werden Inflation und Aufwertung der D-Mark berücksichtigt, dann war Erdöl bei einem Preis von 26 Dollar für die Bundesrepublik so billig wie vor dem ersten Ölschock. Auch dies zeigt, daß die schmerzlichen Lektionen der ersten beiden Energiekrisen im Laufe der achtziger Jahre vergessen oder verdrängt wurden.

[123] Zu diesen Zahlenangaben siehe: Kommission der EG, Jahreswirtschaftsbericht 1990-1991, a.a.O., insbesondere: Analyse der möglichen wirtschaftlichen Folgen der Golfkrise für die EG, S. 113-124.

mit kräftigen Verlusten abschließen, zum Beispiel in Tokio ein Kursrückgang von 38 Prozent,[125] in Mailand und Paris von je 22 Prozent, in Frankfurt 17 und in New York von sechs Prozent.[126] Erst der Beginn des Krieges brachte dann eine weltweite Euphorie an den Börsen: Die Meldungen über die Erfolge der alliierten Streitkräfte am ersten Kriegstag führten zu einem 'historischen Preissturz' bei Erdöl und zu beispiellosen Kurssprüngen bei Aktien.[127]

Zwar kam es im Sommer 1990 zu keinem neuerlichen Ölschock, doch hat die Kuwait-Krise in mehrfacher Hinsicht zu einer zusätzlichen Belastung für die Volkswirtschaften der Industriestaaten geführt und insbesondere die so wichtige psychologische Grundstimmung in einem entscheidenden Ausmaße verschlechtert, so daß relativ unbedeutende ökonomische Belastungen einen ungerechtfertigten Stellenwert erhielten. Dies galt insbesondere im Falle der Vereinigten Staaten. Die USA befanden sich bereits im Juli 1990 in einer Rezessionsphase. Die Kuwait-Krise hat diese Rezession nicht ausgelöst, aber zumindest im Herbst 1990 in einem gewissen Umfange verstärkt. So kam Saddam Hussein sehr gelegen, um einen Schuldigen für die eigenen Wirtschaftprobleme zu haben.

Im Herbst 1990 meldeten sich dann auch in den USA mehr und mehr Stimmen, die einen dritten Ölschock für die Wirtschaft ausschlossen und damit zu einer gewissen Versachlichung der Diskussion beitrugen. Zu dieser Gruppe gehörten - wie bereits erwähnt - die beiden Ökonomie-Nobelpreisträger Milton Friedman und James Tobin. Sie hatten eine Belastung für die amerikanische Wirtschaft von einem halben Prozent des Bruttosozialproduktes errechnet sowie jährliche Mehrkosten für den amerikanischen Verbraucher von nur 112 Dollar prognostiziert.[128] Dies war nun

---

[124] So hatte die Weltbank ein Ölpreis-Szenario von 65 Dollar durchgerechnet und damit für viel Aufregung gesorgt. Einen Ölpreis von 100 Dollar sagte der ehemalige saudische Ölminister Sheik Yamani für den Fall eines Krieges voraus.

[125] In Tokio fiel der Nikkei-Index Ende September sogar auf unter 20 000 Yen und hatte damit seit Jahresbeginn fast 50 Prozent eingebüßt. Siehe: Der Nikkei-Index zeitweise unter 20 000 Yen, in: NZZ, 3.10.1990; und: Tokyo stocks plunge as bond prices drop, in: IHT, 18.9.1990.

[126] Siehe hierzu: Die Golfkrise bestimmt weiter das Kursgeschehen, in: SZ, 17.9.1990; und: Oil prices soar, driving stocks to heavy losses, in: IHT, 10.10.1990; und: Golfkrise hält Anleger in Atem, in: SZ, 2.1.1991.

wirklich nicht die Größenordnung eines externen Schocks für die amerikanische Wirtschaft. Die Kombination von Rezession, Kuwait-Krise und psychologischen Ängsten ließ die ökonomischen Gefahren der irakischen Invasion größer erscheinen als sie in Wirklichkeit waren.[129]

Am Ende des Kuwait-Krieges schlug das 'psychologische Pendel' dann extrem zur positiven Seite aus und es kam vorübergehend zu einem 'psychologischen Boom' in der amerikanischen Wirtschaft: der größte Ölpreissturz in der Geschichte, die Euphorie an den Börsen, die positive Stimmung in der Wirtschaft, die revidierten Prognosen für den Konjunkturverlauf - all dies läßt sich ohne den psychologischen Umschwung in der amerikanischen Wirtschaft und Gesellschaft nicht erklären.[130] Allerdings gab es auch diesmal ein Erwachen; die Realitäten, die fundamentalen Marktdaten konnten nur vorübergehend an den Rand des Marktgeschehens gedrängt werden.

Insgesamt kann zu den ökonomischen Kosten der Kuwait-Krise für die Industriestaaten festgestellt werden, daß sie zwar von einem dritten Ölschock und den damit verbundenen ökonomischen Problemen verschont blieben, daß sie andererseits jedoch aufgrund der zumindest vorübergehenden hohen Ölpreise, des Embargos gegenüber dem Irak und den damit verbundenen Kreditverlusten, sowie aufgrund der finanziellen Hilfe an die von der Kuwait-Krise besonders betroffenen Anrainerstaaten eine zusätzlich Belastung ihrer Volkswirtschaften hinnehmen mußten.

Diese ökonomischen Belastungen waren naturgemäß recht unterschiedlich. So hat Australien durch die Kuwait-Krise und das Irak-Embargo wichtige Weizenabnehmer verloren; fast 50 Prozent des australischen Weizenexports gingen vorher in den Nahen und Mittleren Osten.[131] Ein

---

[127] Siehe: Finanzmärkte bejubeln Erfolg der US-Streitkräfte, in: SZ, 18.1.1991; und: Weltweite Euphorie an den Börsen. Gold und Erdöl im Baissetrend, in: NZZ, 19.1.1991.

[128] Vgl. hierzu: "Öl ist kein Kriegsgrund". Amerikanische Wirtschaftsnobelpreisträger sehen keine Gefahr durch höhere Ölpreise, in: FAZ, 10.1.1991; siehe auch: Einkommensverluste durch die Golfkrise, in: FAZ, 18.1.1991.

[129] Siehe zum Beispiel: Kein Golfkriseneffekt auf das Wachstum der USA?, in: NZZ, 1.11.1990; und: Recession and the Gulf, in: WSJ, 31.1.1991.

[130] Siehe: Carola Kaps, Nach dem Krieg hofft Amerika auf eine rasche Konjukturerholung, in: FAZ, 4.3.1991.

großzügiger Schuldenerlaß für Ägypten zum Dank für seine Rolle bei der Kuwait-Krise kostete den amerikanischen Steuerzahler 6,7 Milliarden Dollar; die im Paris Club organisierten Kreditgeberstaaten erließen Ägypten weitere 10,1 Milliarden Dollar seiner Auslandsschulden, dies waren 50 Prozent der Gesamtschulden.[132] Frankreich als zweitgrößter Waffenlieferant des Irak - nach der Sowjetunion - mußte fast fünf Milliarden Dollar an ausstehenden Krediten an den Irak abschreiben.[133] In Italien wurden alleine die Vertragsstrafen aufgrund des Lieferembargos gegen den Irak auf über vier Milliarden DM geschätzt.[134] Und die Bundesregierung erwartete als Folge der übernommenen Garantien im Irak-Geschäft eine zusätzliche Haushaltsbelastung von 2,5 Milliarden DM.[135] Hinzu kamen noch mehr als 14 Milliarden Dollar an Finanz- und Nothilfe von Geberstaaten an die am härtesten betroffenen Anrainerstaaten.[136]

Dennoch kann festgestellt werden: Die Kuwait-Krise hat in den Industriestaaten keine ökonomische Krise ausgelöst, die finanziellen Belastungen hielten sich in einem erträglichen Rahmen und zu einer dritten Energiekrise kam es nicht. So hat der UN-Ausschuß für Naturschätze Ölimport-Mehrkosten aufgrund der Kuwait-Krise von insgesamt 43 Milliarden Dollar ermittelt; davon entfielen 33 Milliarden Dollar auf die Marktwirtschaftsländer, zwei Milliarden Dollar auf Osteuropa[137] und acht Milliar-

---

[131] Siehe: Australien drosselt die Produktion. Golfkrieg und Handelskonflikt greifen, in: SZ, 19./20.1.1991.

[132] Vgl.: Leo Wieland, Schuldenerlaß für Ägypten und neue Waffen für Israel, in: FAZ, 3.9.1990; und: Paris Club writes off debt of $10.1 billion for Egypt, in: WSJ, 27.5.1991.

[133] Vgl.: E.S. Browning, Unpaid Iraq debt may cost France up to $4.9 billion, in: WSJ, 20.2.1991.

[134] Vgl.: Rom hat tausendundein Kredite im Irak. Allein die Vertragsstrafen werden auf vier Milliarden DM geschätzt, in: SZ, 10.8.1990.

[135] Vgl.: Bedrückende Risiken aus Exporten seit der Golfkrise. Ausfuhrkredite für den arabischen Raum, in: FAZ, 25.1.1991; und: Große Zahlungsausfälle seit der Golfkrise. Exporteure nach Kuwait sind besonders hart getroffen, in: FAZ, 20.9.1990.

[136] Siehe hierzu: EG-Nothilfe zur Linderung von Golfkrisefolgen, in: NZZ, 7.9.1990; und: Winfried Münster, EG will drei Milliarden Mark an Anrainerstaaten zahlen. Finanzhilfe für die Türkei, Ägypten und Jordanien, in: SZ, 17.9.1990; und: Bonner Finanzhilfe in der Golfkrise. Gesamtbeitrag von mehr als 3,3 Milliarden Mark, in: NZZ, 18.9.1990; und: Welche EG-Staaten sollen die Golf-Hilfe bezahlen?, in: FAZ, 12.10.1990. Bei der Diskussion über die nationalen Finanzierungsanteile an der EG-Golfhilfe verlangten Großbritannien, Frankreich, die Niederlande und Belgien, daß ihre militärische Präsenz im Persischen Golf entsprechend angerechnet werden müsse.

den Dollar auf die ölimportierenden Entwicklungsländer.[138] Die Belastung für die jeweilige Volkswirtschaft läßt sich an diesen absoluten Angaben jedoch nicht ablesen.

4.5.3 Ökonomische Belastungen für die Entwicklungsländer

Die Kuwait-Krise brachte für viele Entwicklungsländer zusätzliche ökonomische Probleme, einige konnten Erfolge erzielen, fast alle wurden in der einen oder anderen Weise betroffen.[139] Dabei gilt es zu unterscheiden zwischen den Auswirkungen der Ölpreiskrise, den Folgen des Handelsembargos gegen den Irak, den Konsequenzen der Flucht der Gastarbeiter aus dem Irak und Kuwait sowie den Ergebnissen der Golfhilfe für Anrainerstaaten.

Die vorübergehende Verdoppelung des Ölpreises im Sommer 1990 brachte den Erdöl produzierenden Entwicklungsländern, insbesondere Nigeria, Malaysia, Indonesien und Mexico, zum Teil beträchtliche Mehreinnahmen.[140] Für Öl importierende Entwicklungsländer wie Tanzania, die Türkei, Thailand und Brasilien ergaben sich demgegenüber drastische Erhöhungen ihrer Ölrechnungen. Im Falle Brasiliens wurden die zusätzlichen Ölausgaben auf drei Milliarden Dollar pro Jahr geschätzt; für alle Öl importierenden Entwicklungsländer zusammen betrugen die durch die Kuwait-Krise verursachten Ölimport-Mehrkosten etwa

---

[137] Die Sowjetunion sollte demgegenüber vom höheren Erdölpreis profitieren. So bezifferte eine ECE-Berechnung die zusätzlichen sowjetischen Einnahmen auf 6-12 Mrd. Dollar. Siehe: Die Sowjetunion verdient an der Golfkrise. Eine Modellrechnung, in: FAZ, 3.9.1990; und: Die UdSSR profitiert vom höheren Erdölpreis. Berechnungen des Wiener Instituts, in: NZZ, 16./17.9.1990.

[138] Siehe: "Neue Energiekrise in einigen Jahren". Ölimport-Mehrkosten von 43 Milliarden Dollar durch Golfkrieg, in: SZ, 27.3.1991. Zur Relativierung dieser Zahlen: Die OECD-Staaten wenden pro Jahr etwa 50-55 Milliarden Dollar für staatliche Entwicklungshilfe auf.

[139] Siehe hierzu zum Beispiel: Golfkrise trifft Dritte Welt, in: SZ, 28.12.1990; und: Reymer Klüver, Ein Krieg auf Kosten der Ärmsten der Erde. Die Dritte Welt zahlt politisch und wirtschaftlich einen hohen Preis für den Golfkonflikt, in: SZ, 31.1.1991; und: William Drozdiak, Crisis in Gulf left Third World reeling, in: IHT, 22.3.1991.

[140] So verdienten die sieben führenden afrikanischen Ölausfuhrländer im Jahre 1990 als Folge des Ölpreisanstiegs 10,5 Mrd. Dollar mehr als im Jahr zuvor; davon entfielen 5,2 Mrd. Dollar auf Nigeria. Auf die Ölausfuhrländer entfallen 45 Prozent des afrikanischen Bruttosozialprodukts. Vgl.: Golfkrise macht Afrikaner noch ärmer. Ölteuerung trifft Entwicklungsländer doppelt, in: SZ, 17.1.1991.

acht Milliarden Dollar.[141] Für die ärmsten Entwicklungsländer konnte die Ölpreissteigerung wiederum zu einer gefährlichen ökonomischen und sozialen Belastung werden.[142] Sie hatten schon vor der Kuwait-Krise große Mühe, ihre Ölimporte zu finanzieren.

Das UN-Embargo gegen den Irak hat von den Nachbarstaaten die Türkei, Ägypten und Jordanien besonders hart getroffen. Einnahmeausfälle aus den Überweisungen der Gastarbeiter im Irak und Kuwait, der Verlust des Handels mit dem Irak sowie starke Einbrüche beim Tourismus addierten sich im Falle Ägyptens auf zwei Milliarden Dollar, Jordanien beklagte einen Verlust von einer Milliarden Dollar und die Türkei, die eine Ölpipeline aus dem Irak gesperrt hatte, schätzte ihren Verlust auf über 4,5 Milliarden Dollar. Um diesen Staaten, die unter den Sanktionen gegen den Irak am meisten zu leiden hatte, zu helfen, haben westliche und arabische Staaten schon im September 1990 ein großzügiges Hilfsprogramm zusammengestellt.[143] Weitere Finanzhilfen und Unterstützungen folgten, so daß die ökonomischen Verluste der Türkei und Ägyptens[144] - hierbei gilt es auch den bereits erwähnten generösen Schuldenerlaß zu berücksichtigen - wohl mehr als ausgeglichen wurden.

In den ersten beiden Monaten nach Saddam Husseins Gewaltstreich sind fast eine Million Ausländer aus dem Irak und Kuwait geflüchtet. Von diesen Flüchtlingen sind ungefähr 540 000 über Jordanien, 240 000 über Saudi-Arabien, 70 000 über Syrien, 40 000 über die Türkei und 20 000

---

[141] Diese Gesamtbelastung ermittelte der UN-Ausschuß für Naturschätze; siehe: "Neue Energiekrise in einigen Jahren". Ölimport-Mehrkosten von 43 Milliarden Dollar durch Golfkrieg, in: SZ, 27.3.1991.

[142] Vgl.: For Third World, Oil Shock Means Still More Hardship, in: IHT, 20.8.1990; und: Mehr als eine Milliarde Menschen in tiefer Armut, in: SZ, 16.7.1990; und: Die westliche Hilfe bringt kaum noch Entwicklungskapital, in: FAZ, 25.6.1990.

[143] Vgl.: EG-Hilfe an die Türkei, Jordanien und Ägypten, in: NZZ, 9./10.9.1990; und: EG-Nothilfe zur Linderung von Golfkrisefolgen. Bereitstellung weiterer Mittel, in: NZZ, 7.9.1990.

[144] Siehe hierzu: Heiko Flottau, Kairo profitiert von Irak-Blockade. Bundesrepublik kommt Ägypten finanziell entgegen, in: SZ, 20./21.11.1990. So sollen Ägypten nur ökonomische Verluste in Höhe von 1,5 Mrd. Dollar entstanden sein. Die ausländischen Hilfszusagen beliefen sich jedoch auf etwa drei Mrd. Dollar.

über Iran in ihre Heimatländer zurückgekehrt. Es wurde mit weiteren zwei Millionen Flüchtlingen aus dem Irak und Kuwait gerechnet.[145]

Diese Flüchtlinge waren überwiegend Gastarbeiter, deren Überweisungen in ihren Heimatländern gerne gesehen und dringend benötigt wurden. Die meisten dieser Gastarbeiter kamen aus den Nachbarstaaten, aber auch aus Asien. So arbeiteten alleine etwa 760 000 Palästinenser in den Golfstaaten, davon alleine 300 000 in Kuwait und 170 000 im Irak sowie weitere 250 000 in Saudi-Arabien. Weiterhin gab es etwa 250 000 jordanische Gastarbeiter in Kuwait. Mehr als 100 000 ägyptische Gastarbeiter verdienten ihren Lebensunterhalt im Irak. Aus asiatischen Staaten arbeiteten ebenfalls viele Menschen in Kuwait und Irak, und zwar mehr als 180 000 Gastarbeiter aus Indien, jeweils 100 000 aus Pakistan und Sri Lanka, weitere 85 000 aus Bangladesch und 63 000 aus den Philippinen.[146]

Die Kombination von höheren Ölpreisen verbunden mit der Rückkehr zahlreicher Gastarbeiter in Länder mit bereits hoher Arbeitslosigkeit machte neben den Philippinen vor allem Indien, Sri Lanka, Pakistan und Bangladesch zu den Hauptverlierern der Kuwait-Krise. Nur die asiatischen Erdölproduzenten Indonesien, Malaysia und in geringerem Maße China konnten eher Vorteile aus der Krise ziehen. In Afrika mußten die 29 ärmsten Länder ökonomische Nachteile aus der Krise hinnehmen. Auch in Lateinamerika gab es wenige Gewinner und viele Verlierer als Folge der Kuwait-Krise.[147]

---

[145] Diese Angaben machte der stellvertretende US-Außenminister Lawrence Eagleburger vor dem Rechtsausschuß des amerikanischen Senats. Siehe hierzu: Eine Million aus dem Irak und Kuwait geflüchtet, in: SZ, 5.10.1990.

[146] Siehe hierzu: Ökonomisches Desaster für die Palästinenser. Das Zerwürfnis mit den Geldgebern am Golf, in: NZZ, 13.9.1990; und: Jordanien als wirtschaftliches Krisenopfer. Erpressungsversuche gegen ein abhängiges Land, in: NZZ, 24.10.1990; und: Stranded Asians and returnees face bleak times: Exodus from Araby, in: FEER vom 4.10.1990; S. 22-24; auch: Inder als Opfer des Embargos gegen den Irak, in: NZZ, 13.9.1990.

[147] Siehe hierzu: Verlangsamtes Wachstum der asiatischen Entwicklungsländer. Golfkrise und US-Rezession als Hauptfaktoren, in: NZZ, 12.12.1990; und: Klaus Natorp, Die Irak-Krise ist für Pakistan fast eine Katastrophe. In der Devisenkasse fehlen die Gastarbeiterüberweisungen, in: FAZ, 24.12.1990; und: Golfkrise macht Afrikaner noch ärmer. Ölteuerung trifft Entwicklungsländer doppelt, in: SZ, 17.1.1991; und: Folgen des Erdölpreisanstieges: Wenige Gewinner und viele Verlierer in Lateinamerika, in: NZZ, 3.10.1990.

Bereits im September 1990 legte die Weltbank eine Studie zu den ökonomischen Auswirkungen der Kuwait-Krise vor, in der sie die folgenden Staaten als "most immediately impacted" nannte: Ägypten, Bangladesch, Indien, Jordanien, Marokko, Pakistan, Philippinen, Sri Lanka, Sudan und die Türkei. Für die drei "frontline states" Ägypten, Jordanien und die Türkei ermittelte die Weltbank einen ökonomischen Verlust von 5,2 Prozent ihres Bruttosozialprodukts (BSP) für den Zeitraum von August bis Dezember 1990; für die anderen Staaten dieser Gruppe wurde die ökonomische Belastung mit 1,5 Prozent ihres Bruttosozialprodukts angegeben.[148] Für afrikanische Staaten ermittelte die Weltbank einen BSP-Verlust von 1,6 Prozent und für osteuropäische Staaten von 2,1 Prozent.[149]

Gemessen am Bruttosozialprodukt waren damit die ökonomischen Belastungen aus der Kuwait-Krise für fast alle Entwicklungsländer größer als für die Industriestaaten. Zudem steckten viele dieser Staaten bereits in großen ökonomischen Schwierigkeiten, waren hoch verschuldet und mußten nun zusätzlich einen externen Ölschock hinnehmen. Die Industriestaaten und die reichen Ölstaaten konnten sich deshalb recht schnell darauf einigen, den betroffenen Anrainerstaaten, aber auch den anderen unter den ökonomischen Folgen der Kuwait-Krise leidenden Entwicklungsländern zu helfen.

Um die Finanzhilfe an diese Staaten aufzubringen und zu koordinieren, haben sich 24 Geberstaaten und die Kommission der EG unter der Leitung der USA als informelle Gruppe zusammengetan und gemeinsam 14,3 Milliarden Dollar an Unterstützung für die Jahre 1990 und 1991 zugesagt; davon steuerte Saudi-Arabien 9,5 Milliarden Dollar, die EG 2,3 Milliarden Dollar und Japan 2,1 Milliarden Dollar bei.[150] An der Finanzhilfe ha-

---

[148] Zu den Zahlenangaben siehe: The World Bank, Briefing note on potential World Bank assistance to countries affected by the Gulf crisis, Press summary, Washington, D.C., 14.9.1990, 9 Seiten.

[149] Die osteuropäischen Staaten mußten sich auf einen weiteren Ölschock vorbereiten: Mit Beginn des Jahres 1991 mußten sie ihr Erdöl auch bei der Sowjetunion in harter Währung bezahlen. Bei einem Ölpreis von 30 Dollar hätten Polen 35 Prozent, die CSFR 90 Prozent und Bulgarien sogar 120 Prozent ihrer Währungsreserven für ihre Öleinfuhr aufwenden müssen. Auf der anderen Seite sollte der höhere Ölpreis für die Sowjetunion bis zu 6 Mrd. Dollar zusätzliche Einnahmen bringen. Siehe hierzu: Comrade oil, in: The Economist vom 11.8.1990, S. 24; und: East Europe to Be Hard Hit If Oil Prices Remain High, in: WSJ, 20.8.1990.

ben sich die Vereinigten Staaten jedoch nicht beteiligt.[151] Diese Unterstützung von mehr als 14 Milliarden Dollar sollte vor allem den drei Frontlinienstaaten Ägypten, Türkei und Jordanien zugute kommen.

Für den Rest der betroffenen Staaten sollten Währungsfonds und Weltbank sorgen. So haben es die Mitglieder bereits auf der Jahrestagung von IWF und Weltbank im September 1990 beschlossen. Bestehende Finanzierungsinstrumente der beiden Internationalen Organisationen wurden modifiziert; als neues Element ist auf Betreiben der Vereinigten Staaten eine Ölkreditlinie eingerichtet worden. Zur Durchführung der Krisenmaßnahmen war der Währungsfonds in einer wesentlich besseren Lage als bei den beiden ersten Ölschocks in den siebziger Jahren, weil nunmehr 49 Mitgliedsländer Wirtschaftsprogramme mit dem IWF unterhielten, die fortgeführt, ausgebaut und vertieft werden konnten.[152]

Zu den ökonomischen Auswirkungen der Kuwait-Krise für die Entwicklungsländer kann insgesamt festgestellt werden: Die ärmsten Länder bezahlten relativ gesehen den höchsten ökonomischen Preis. Ölpreiserhöhung verbunden mit Handelsverlusten und gleichzeitiger Rückkehr von zigtausenden Gastarbeitern in ihre Heimatländer produzierten in vielen Entwicklungsländern einen ökonomischen Schock. Einige dieser Länder erhielten einen vollen Ausgleich für ihre wirtschaftlichen Verluste, zum Beispiel die Frontlinienstaaten oder die Erdöl exportierenden Entwicklungsländer. Die meisten Staaten mußten zuerst einmal mit diesem ökonomischen Schock selber fertig werden; von Weltbank und Währungsfonds wurden ihnen in gewissem Umfang Unterstützungen angeboten. Am härtesten traf es jedoch die Palästinenser, die durch ihr Eintreten für

---

[150] Der Golf-Koordinationsgruppe gehörten an: die USA, Österreich, Belgien, Kanada, Dänemark, Finnland, Frankreich, Deutschland, Griechenland, Irland, Italien, Japan, Süd-Korea, Kuwait (Exilregierung), Luxemburg, die Niederlande, Portugal, Katar, Saudi-Arabien, Spanien, Schweden, die Schweiz, die VAE und Großbritannien.

[151] Zur Golf-Koordinationsgruppe siehe: Soforthilfe für die Golfstaaten. 4,5 Milliarden Dollar noch in diesem Jahr. Erste Sitzung des Koordinierungsausschusses, in: FAZ, 28.9.1990; und: Erste Sitzung der Golf-Koordinationsgruppe, in: NZZ, 29.9.1990.

[152] Siehe hierzu u.a.: Neue Aufgaben der Weltbank durch die Golfkrise, in: FAZ, 17.9.1990; und: Tim Carrington, IMF committee agrees to aid nations hurt by Gulf crisis, in: WSJ, 25.9.1990; und: Weltbank und IWF: Solidarität in der Golfkrise. Rasche Unterstützung für die Anrainerstaaten, in: FAZ, 26.9.1990; und: IWF hilft den von der Golfkrise betroffenen Ländern. Vereinigte Staaten setzen Ölkreditprogramm durch, in: FAZ, 17.11.1990.

Saddam Hussein nicht nur politisch diskreditiert waren, sondern auch die bislang großzügigen Finanzleistungen aus den Golfstaaten verloren.[153]

Zu den ökonomischen Auswirkungen für die kriegführenden Staaten am Golf läßt sich feststellen, daß Saddam Husseins Überfall auf Kuwait den Irak ökonomisch und finanziell ruiniert hat, daß die ökonomische Basis Kuwaits in einem gewaltigen Ausmaße zerstört wurde, die finanzielle Potenz jedoch erhalten blieb, und daß die ökonomische und finanzielle Belastung des Krieges für Saudi-Arabien relativ gering war. Damit wird jedoch nichts ausgesagt über das menschliche Leid und die Not noch über die politische Verantwortung.

Irak war bereits vor dem Krieg hoch verschuldet und in großen ökonomischen Schwierigkeiten. Dies war einer der Gründe, die Saddam Hussein dazu brachten, Kuwait zu überfallen. Nach dem Krieg ist die hohe Verschuldung geblieben, die Wirtschaft ist zerstört, die Öleinnahmen werden auf Jahre hinaus geringer sein, weil damit die Reparationen bezahlt werden müssen, Unterstützung vom Ausland in Form von Waffenverkäufen und großzügigen Wirtschaftskrediten wie in den Jahren des irakisch-iranischen Krieges kann der Irak auf absehbare Zeit nicht erwarten. Die ökonomische Zukunft des Irak ist nach dem Krieg noch viel schwieriger. Saddam Hussein hat sein Volk auch ökonomisch ruiniert.[154]

Die Wirtschaft Kuwaits wurde von Saddam Hussein ebenfalls ruiniert, zumindest vorübergehend. Solange die Ölquellen brennen, solange muß Kuwait auf seine wichtigste Einnahmequelle verzichten. Die Ölexporterlöse werden jedoch zum Wiederaufbau des Landes dringend benötigt. Der Wiederaufbau kann bis zu fünf Jahre dauern und bis zu 100 Milliarden Dollar kosten.[155] Kuwait war und ist jedoch ein reiches Land: So wurden alleine Kuwaits staatliche Vermögensanlagen im Ausland auf 100

---

[153] Siehe hierzu: Ökonomisches Desaster für die Palästinenser. Das Zerwürfnis mit den Geldgebern am Golf, in: NZZ, 13.9.1990.

[154] Nach dem Kuwait-Krieg wurde bekannt, daß Saddam Hussein im Laufe der 80er Jahre sich ein Milliardenvermögen aus den irakischen Öleinnahmen beiseite geschafft und im Ausland angelegt sowie ein weltweites Finanzierungssystem aufgebaut haben soll. Siehe hierzu: Berichte über ein Milliardenvermögen Saddam Husseins, in: FAZ, 26.3.1991; und: Saddams Geschäfte enttarnt, in: SZ, 3.4.1991; und: Give a little, take a lot, in: The Economist vom 30. März 1991, S. 48.

[155] So zum Beispiel: Stuart Auerbach, A big job, for friends only. Cost of Kuwait reconstruction may hit $100 billion, in: IHT, 23./24.2.1991; und: Der Wiederaufbau von

Milliarden Dollar geschätzt.[156] Der Krieg hat in Kuwait großes menschliches Leid angerichtet und beträchtliche ökonomische Schäden verursacht, aber der Krieg hat Kuwait nicht arm gemacht.[157]

Obwohl das militärische Engagement der Vereinigten Staaten im Persischen Golf in erster Linie dem Schutz Saudi-Arabiens vor einem irakischen Überfall - und erst in zweiter Linie der Befreiung Kuwaits - galt, war die militärische, ökonomische und finanzielle Belastung für die Saudis relativ gering. Eine irakische Invasion konnte verhindert werden, die Ölpreiserhöhung verbunden mit einer gesteigerten Produktion brachte zusätzliche Milliardeneinnahmen,[158] das Handelsembargo hat Saudi-Arabien kaum belastet - ebensowenig die Gastarbeiterfluchtwelle - und die saudischen Kredite an den Irak in Höhe von 25 Milliarden Dollar als Unterstützung im Krieg gegen den Iran waren ohnehin schon verloren. Andererseits unterstützte Saudi-Arabien die mulitlateralen Truppen sowie die Nachbarstaaten mit Milliardenbeträgen, doch war die verbleibende Netto-Finanzbelastung relativ gering; die Saudis kamen jedoch

---

[156] Kuwait kann bis zu fünf Jahren dauern, in: FAZ, 27.2.1991; und: Kuwaits Wiederaufbau kostet 100 Milliarden Dollar, in: SZ, 7.3.1991; und: Reconstructing Kuwait and Iraq: Picking up the pieces, in: The Economist vom 2. März 1991, S. 28.

[157] Siehe hierzu: Reorganisation der Finanzfirmen Kuwaits in London, in: NZZ, 9./10.9.1990; und: Für Kuwait entfällt ein Teil der Einnahmen. Auslandsanlagen der Staatsholdings nicht zum Verkauf, in: FAZ, 5.3.1991. Diese Auslandsanlagen von 100 (Schätzungen gingen sogar bis 200) Mrd.Dollar sowie die Ölreserven Kuwaits dienten als Sicherheit für neue Kredite.
Dies zeigte sich auch daran, wie hart um die Verträge für den Wiederaufbau Kuwaits gefochten wurde. Die Kuwaitis wollten vor allem amerikanische und britische Unternehmen berücksichtigen, um damit ihren beiden wichtigsten Verbündeten zu danken; deutsche und japanische Firmen wurden in der Anfangsphase ausgeklammert. Kuwait war ein reiches Land, das lukrative Verträge für seinen Wiederaufbau zu vergeben hatte, und zwar an international tätige Bauunternehmen, an Anlagen- und Maschinenbauer sowie an Lieferanten von Investitionsgütern. Vgl.: Kuwaitis planen für den Wiederaufbau. Amerikanische und britische Unternehmen sollen bevorzugt werden, in: FAZ, 25.2.1991; und: Stuart Auerbach, U.S. Firms lining up to rebuild Kuwait, in: IHT, 6.3.1991.

[158] So wurden im Oktober 1990 von amerikanischen Ölexperten bei einem Ölpreis von 40 Dollar für Saudi-Arabien zusätzliche Öleinnahmen von bis zu 65 Mrd. Dollar pro Jahr errechnet. Der Ölpreis fiel bei Kriegsbeginn wieder auf etwa 20 Dollar, doch auch bei diesem Preis erbrachte die saudische Mehrförderung zusätzliche Einnahmen von bis zu 20 Mrd.Dollar pro Jahr. Siehe hierzu: Keith Bradsher, A Saudi oil windfall? If prices remain high and fields intact, in: NYT, 19.10.1990, S. D10; und: Michael Kinsley, Winners in the oil crises, in: WP, 1.11.1990.

vorübergehend in finanzielle Schwierigkeiten und mußten sich verschulden.

Saudi-Arabien war und ist ein reiches Land - und Saudi-Arabien wird auf absehbare Zeit ein reiches Land bleiben. Der Kuwait-Krieg hat daran nichts geändert. Die Saudis können vielmehr als Gewinner des Krieges bezeichnet werden, da sie bei geringem Aufwand ihre Ziele erreicht haben und zudem nun wieder die stärkste Macht in der OPEC darstellen und mit ihrer Ölproduktion den Weltölpreis entscheidend mitbestimmen.

4.6 Lehren aus der Kuwait-Krise: Energiesicherheit als Dauerproblem

Die Kuwait-Krise brachte keine akute Gefährdung für die westliche Energiesicherheit: Weder kam es zu einem Versorgungsengpass beim Öl noch führten die Preissteigerungen zu Belastungen der Volkswirtschaften ähnlich jenen der beiden ersten Energiekrisen. Dies lag daran, daß kurzfristig das irakische und kuwaitische Erdöl durch Lagerabbau und mittelfristig durch eine Produktionssteigerung anderer Ölproduzenten ersetzt werden konnte. Ein militärischer Konflikt, der die saudischen Ölanlagen zerstört hätte - etwa in dem Umfange wie Saddam Hussein die kuwaitischen vernichtet hat -, hätte mit Sicherheit die dritte Energiekrise ausgelöst und einen externen Ölschock mit einer gravierenden ökonomischen Belastung für alle ölverbrauchenden Staaten bedeutet. Daß es eine dritte Energiekrise nicht gab, lag auch an glücklichen Umständen, die sich ändern können. Deshalb gilt es, die richtigen Lehren aus der Kuwait-Krise zu ziehen und zu erkennen, daß die Energiesicherheit ein Dauerproblem geworden ist.

4.6.1 USA: Kuwait-Krise und neue Energiepolitik

Erdöl war der entscheidende Faktor in der Kuwait-Krise: Ohne Öl hätte Saddam Hussein Kuwait nicht überfallen, ohne Öl hätte die irakische Invasion Kuwaits nicht die Sicherheit der westlichen Industriestaaten gefährdet und es hätte wohl keine militärische Reaktion der USA in Form von Desert Shield und Desert Storm gegeben. Obwohl in den ersten Tagen nach der irakischen Invasion die Rohölversorgung der westlichen Industriestaaten aus dem Mittleren Osten im Mittelpunkt aller Diskussionen und Bemühungen stand und diese Diskussion auch in den folgenden

Wochen und Monaten anhielt,[159] hat Präsident Bush, als er in einer Fernsehansprache der amerikanischen Bevölkerung den Beginn des Kuwait-Krieges mitteilte, mit keinem Wort das Problem Erdölabhängigkeit erwähnt.

Der Grad der amerikanischen Erdölabhängigkeit war und ist umstritten. Einerseits wurde argumentiert, die USA seien von Öllieferungen aus dem Mittlern Osten weniger abhängig als Europa und Japan, weil nur 27 Prozent der amerikanischen Öleinfuhren und gar nur 14 Prozent des gesamten Ölverbrauchs aus dieser Region kämen. Dies ist jedoch irreführend, denn erstens gibt es nur einen Weltölpreis, so daß Veränderungen beim Ölangebot oder bei der Ölnachfrage sich auf alle Marktteilnehmer auswirken; und zweitens sind die USA abhängiger als Europa oder Japan, weil die Energienachfrage einen größeren Anteil am amerikanischen Bruttosozialprodukt ausmacht und deshalb Ölpreiserhöhungen eine größere Belastung für die amerikanische Wirtschaft bringen.[160]

Das Problem der Erdölabhängigkeit war nicht neu. Während die Carter Administration sich gezwungenermaßen intensiv mit dem Problem der Energieabhängigkeit beschäftigte und am Ende daran scheiterte,[161] lehnte die Reagan Administration eine Energiepolitik strikt ab und vertraute darauf, daß der Markt auftretende Energieprobleme am besten lösen würde.[162] Dementsprechend gab es in den achtziger Jahren in den USA keine klar definierte Energiestrategie. Der amerikanische Energieverbrauch hat sich entsprechend an der billigsten Energieart orientiert - und

---

[159] Auf diesen Aspekt wird ausführlicher in Kapitel 4.3 eingegangen.

[160] So argumentiert auch: Michael Sterner, Navigating the Gulf, in: FP, Winter 1990/91, S. 39-52, insbesondere S. 41 ff.

[161] Die amerikanische Energiepolitik in den 70er Jahren wird ausführlich untersucht von: Harald Müller, Vom Ölembargo zum National Energy Act. Amerikanische Energiepolitik zwischen gesellschaftlichen Interessen und Weltmachtanspruch, 1973-1978, Frankfurt/New York 1989.

[162] Robert Samuelson hat darauf die richtige Antwort gegeben: "What's wrong with an energy policy that simply relies on the market is that energy isn't like popcorn. Using energy involves potential costs for society that aren't fully reflected in marked prices. The most obvious costs are environmental (air pollution and the possible impact of the greenhouse effect) and economic (losses from foreign supply disruptions). Just because the dangers aren't precise doesn't mean they should be ignored. A good energy policy is like a good army: it should protect us against plausible harm, not merely certain cala-

das war importiertes Erdöl. Die amerikanische Ölnachfrage reagiert schneller und heftiger auf Preisveränderungen als in allen anderen großen Industriestaaten. So sank die Ölnachfrage in den USA Anfang der achtziger Jahre stärker als in Europa, stieg dann jedoch auch wieder schneller als in Europa als nach 1985 die realen Ölpreise zum Teil sprunghaft fielen.

Präsident Bush entfernte sich von diesem energiepolitischen Reaganomics-Ansatz und beauftragte im Juli 1989 seinen Energieminister James Watkins, eine National Energy Strategy (NES) auszuarbeiten. Etwas verzögert durch die Kuwait-Krise übergab Watkins im Dezember 1990 seine Vorschläge für eine Energiepolitik an Präsident Bush.

Noch bevor Watkins Vorstellungen von einer amerikanischen Energiepolitik veröffentlicht wurden, hat die New York Times die Bush Administration heftig kritisiert: "The Energy policy now taking shape within the Bush administration is distressingly blind to the oil addiction that underlies the dispatch of 500,000 American troops to the Gulf. ... the Bush administration remains recklessly reluctant to curb America's appetite for oil."[163]

Präsident Bush und Energieminister Watkins haben dann im Februar 1991 die "Nationale Energiestrategie" vorgestellt. Danach soll die amerikanische Energiepolitik ein Gleichgewicht zwischen vier Zielen herstellen: Energiebedarf zu vernünftigen Preisen; saubere und sichere Umwelt; kräftiges Wirtschaftswachstum; Reduzierung der Abhängigkeit von unzuverlässigen Energielieferanten. Im einzelnen sollen folgende Ziele bis zum Jahre 2010 verwirklicht werden: Reduktion des Importanteils von Erdöl von 65 auf 40-45 Prozent; Reduktion des Erdölverbrauchs um 3,4 Mio. barral pro Tag (mbd) und Steigerung der heimischen Produktion um 3,8 mbd; Steigerung der Elektrizitätserzeugung aus erneuerbaren Ressourcen um 16 sowie der Nuklearstromproduktion um 10 Prozent; effizienterer Energieverbrauch, und zwar wurde ein Anstieg des Energieverbrauchs bis zum Jahre 2010 um 80 Prozent prognostiziert, der Energieeinsatz soll jedoch nur um 27 Prozent zunehmen; Reduktion der Treibhaus-Gasemis-

---

mity." Aus: Robert J. Samuelson, Tinkering with energy, in: Newsweek vom 4. März 1991, S. 38.

[163] Kommentar der NYT: Still hooked on oil, abgedruckt in: IHT, 18.2.1991.

sionen auf oder gar unter das Niveau von 1990; und schließlich Einsparungen für den Konsumenten von bis zu 90 Milliarden Dollar.[164]

Der wichtigste und umstrittenste Vorschlag betraf die seit Jahren rückläufige heimische Ölproduktion. Sie soll um 3,8 mbd gesteigert werden. Hierfür hat die Bush Administration den letzten staatlichen Naturschutzpark in Alaska sowie verschiedene Küstenstreifen vor Kalifornien und Florida für die Ölprospektierung geöffnet.[165] Bush legte damit den Schwerpunkt für seine Energiepolitik eindeutig auf die Steigerung der Energieproduktion, und zwar sowohl Öl, Gas und Elektrizität.

Demgegenüber haben Bush und Watkins die Reduzierung des Energieverbrauchs als zweitrangig eingestuft. Zwar soll der Ölverbrauch um 3,4 mbd vermindert werden, doch sind im Gesetzesentwurf weder eine Benzinsteuer, noch Vorgaben für den Benzinverbrauch von Autos vorgesehen, stattdessen wird auf neue Technologien, mehr Wettbewerb und effizientere Produktion gesetzt. Der amerikanischen Automobilindustrie ist es gelungen, die Forderung nach energieeffizienteren Autos abzuwehren. Aus Gründen der Produktionssicherung und Produktionssteigerung müßten die Energiepreise steigen, doch dies wollte die Bush Administration dem amerikanischen Verbraucher nicht zumuten.[166]

Die unter Energieminister Watkins ausgearbeitete "Nationale Energiestrategie" zeigt, daß die Bush Administration entweder nicht willens oder nicht in der Lage war, das Problem der Energieabhängigkeit der USA im Rahmen der ausgearbeiteten Energiestrategie zu berücksichtigen, keine zielgerichteten Maßnahmen vorsah, die Energieverschwendung

---

[164] Siehe hierzu: Sicherung der Energieversorgung ohne Zwang zum Sparen. Der amerikanische Energieminister legt die "Nationale Energiestrategie" vor, in: FAZ, 22.2.1991; und: Die amerikanische Energiepolitik im Gegenwind. Kritische Reaktionen auf Bushs Strategie für das Jahr 2010, in: NZZ, 23.2.1991; und: Zahnlose US-Energiepolitik. Gesetzesentwurf mit Hauptgewicht auf Produktionssteigerung, in: NZZ, 12.2.1991.

[165] Der Senat hat im Juni 1991 die Pläne des Weißen Hauses gebilligt und Probebohrungen nach Öl und Gas in den Naturschutzgebieten Alaskas genehmigt. Vgl.: US-Senat billigt Projekte in Alaska: Ölbohrungen in Naturschutzgebieten?, in: KStA, 15./16.6.1991.

[166] Energieminister Watkins meinte dazu: "Die Amerikaner wollen ihr Auto und billiges Benzin, und das können wir dem Bürger nicht verweigern." Zitiert in: Die amerikani-

durch den amerikanischen Verbraucher wirksam einzuschränken, und schließlich, daß die Bush Administration es versäumt hat, die energiepolitischen Lehren aus der Kuwait-Krise zu ziehen.[167]

Dieses Versagen der Bush Administration ist umso unverständlicher, da im Herbst 1990 bereits Maßnahmen zur Verminderung der Öleinfuhrabhängigkeit ergriffen, eine Benzinsteuer beschlossen und Verbrauchsstandards für Autos zumindest intensiv diskutiert wurden. So wollte Senator Richard Bryan mit seinem 'Motor Vehicle Fuel Efficiency Act of 1990' erreichen, daß der Benzinverbrauch der in den USA gefahrenen Autos bis zum Jahre 2000 um 40 Prozent gesenkt würde, und zwar sollte dann ein amerikanischer Wagen 40 statt der derzeitigen 27,5 Meilen pro Gallone fahren. Dazu kam es jedoch nicht, weil der Senat trotz massiver Kampagnen zur Unterstützung der Bryan-Gesetzesvorlage diese am 25. September 1990 ablehnte.[168]

Eine Woche später haben dann Präsident und die Parteiführer aus dem Kongreß etwas überraschend im Rahmen des Haushaltskompromisses zur Reduzierung des Defizits um 500 Milliarden Dollar über fünf Jahre neben anderen Maßnahmen auch eine Erhöhung der Benzinsteuer um zehn cents pro Gallone beschlossen. Dieser Haushaltskompromiß erhielt jedoch keine Mehrheit im Kongreß. Ein neuer Kompromiß halbierte die Erhöhung der Benzinsteuer auf fünf cents;[169] dies entsprach einem Steu-

---

sche Energiepolitik im Gegenwind. Kritische Reaktionen auf Bushs Strategie für das Jahr 2010, in: NZZ, 23.2.1991.

[167] So hat Senator John Glenn die Energiestrategie kritisiert und meinte, die von Bush gewählte Politik "entspreche genau jener Strategie, die zum Golfkrieg führte." Zitiert in: Die amerikanische Energiepolitik im Gegenwind. Kritische Reaktionen auf Bushs Strategie für das Jahr 2010, in: NZZ, 23.2.1991.

[168] Siehe hierzu: America's carmakers: An exhausting time, in: The Economist vom 6. Oktober 1990, S. 88 f. Zur Mobilisierung der Bevölkerung hat zum Beispiel der Sierra Club in ganzseitigen Anzeigen die Leser über das Bryan-Gesetz informiert, mit den relevanten Argumenten versorgt und aufgefordert, sich direkt - per vorgedrucktem statement - an den Präsidenten, ihren Abgeordneten und ihren Senator zu wenden, um ihre Unterstützung für das Bryan-Gesetz mitzuteilen. Siehe hierzu zum Beispiel die Anzeige des Sierra Clubs "The Oil Companies vs. The Rest Of Us", in: NYT, 20.8.1990, S. A5.

[169] Daß diese Benzinsteuer keine spürbare Belastung für den Verbraucher darstellte, dies zeigt ein Vergleich der realen Benzinpreise: So war der reale Benzinpreis Ende der 80er Jahre mit rund 90 cents pro Gallone etwa so hoch wie im Jahre 1972, also vor der ersten Energiekrise; Anfang der 80er Jahre war der reale Benzinpreis bis auf 150 cents gestiegen. Vgl.: Paul F. Horvitz, Bush and Congress agree to raise taxes and cut spen-

eraufschlag von fünf Prozent.[170] Bei fallenden Ölpreisen wurde im Frühjahr 1991 der Trend der zweiten Hälfte der achtziger Jahre fortgesetzt, die kurze Unterbrechung mit einer Verdoppelung des Ölpreises im Herbst 1990 war fast schon wieder vergessen.

Schließlich hatte die Bush Administration im August und September 1990 bereits Maßnahmen zur Verminderung der Öleinfuhrabhängigkeit ergriffen. So wurden bereits am 15. August kurzfristige Regelungen getroffen, um die heimische Ölproduktion zu steigern, zum Beispiel durch Genehmigungen, in bislang gesperrten Gebieten Öl zu fördern. Auf der Nachfrageseite hielt Energieminister Watkins "a national campaign aimed at encouraging consumers to use energy more efficiently" für ausreichend. Im September wurden diese Maßnahmen für einen mittelfristigen Zeithorizont verstärkt.[171] Insgesamt sollten die amerikanischen Öleinfuhren um eine Million Barrel pro Tag reduziert werden; dies wäre mehr gewesen als die Öleinfuhren der USA von Kuwait und Irak zusammen.[172]

Die neue Energiepolitik der Bush Administration läßt fundamentale Rahmenbedingungen des Problems Energiesicherheit außer acht, versäumt es, die richtigen Lehren aus der Kuwait-Krise zu ziehen und trägt insgesamt dazu bei, daß "America's appetite for oil", wie die New York Times schreibt, nicht gezügelt, sondern weiter steigen wird. Bush und Watkins

---

ding, in: IHT, 1.10.1990; auch: Charles Krauthammer, An oil tax to help Americans, not the OPEC gang, in: IHT, 16./17.3.1991.

[170] Die Bundesregierung hat zur Finanzierung der Maßnahmen in den neuen Bundesländern sowie der Beiträge im Rahmen der Kuwait-Krise ebenfalls die Benzinsteuer erhöht, und zwar um mehr als 20 Prozent; Benzin ist nun in der Bundesrepublik etwa dreimal so teuer wie in den Vereinigten Staaten.

[171] Siehe hierzu die Ausführungen von Energieminister Watkins bei der Anhörung im Senate Committee on Energy am 13. September 1990; abgedruckt: Watkins announces steps to increase energy supplies, in: U.S. Policy Information and Texts, Nr.123 vom 14. September 1990, S. 31-35.

[172] Wie relativ bescheiden diese Zielsetzung war, das zeigen zwei Vergleichszahlen: Hätten die USA in den 80er Jahren die Politik der effizienteren Energieverwendung fortgesetzt und ihre Energieintensität um jährlich 3 Prozent verbessert, dann wäre dadurch der Ölverbrauch so gesunken, daß die USA auf die Öleinfuhren aus Kuwait, Irak und Saudi-Arabien verzichten könnten. Daß solche Verbesserungen möglich sind, zeigt der zweite Vergleich: Wäre es den USA gelungen, die Energieintensität auf das Niveau Japans zu verbessern, dann wäre der amerikanische Ölverbrauch um 7 mbd geringer, also wesentlich mehr als die 4,5 mbd an Erdöl, die von Kuwait und Irak zusammen vor der Krise exportiert wurden.

haben mit ihrer National Energy Strategy einen Weg eingeschlagen, der weder die energiepolitischen, noch die umwelt-, sicherheits- oder außenpolitischen Lehren der Kuwait-Krise berücksichtigt.

Energiesicherheit ist auch für die USA ein ungelöstes Dauerproblem. Die USA sind - wie andere Staaten - im hohen Maße von Öleinfuhren aus dem Mittleren Osten abhängig. Diese Abhängigkeit wird weiter zunehmen.[173] Es ist deshalb unverständlich, warum die Bush Administration die Chancen der Kuwait-Krise verstreichen ließ, nämlich die Situation einer auf energiepolitische Belastungen eingestellten Bevölkerung zu nutzen, um den amerikanischen 'energiepolitischen Zug' auf neue Gleise in eine bessere Zukunft zu setzen.

4.6.2 Die Rolle der IEA - eine unnütze Organisation?

Die Ölpreiskrise in den Wochen und Monaten nach der irakischen Invasion Kuwaits hätte von den Regierungen der großen Industriestaaten verhindert werden können. Die Chance dafür war gegeben, sie wurde jedoch nicht genutzt. Dies meint der amerikanische Energieexperte Adelman, der feststellt: "In 1990, unlike 1973 and 1979, the consuming nations had, and missed, their chance to avoid the price explosion. The three big holders of strategic reserves - the United States, Germany, and Japan - waited for a "real physical shortage", which will never happen."[174]

Der amerikanische Ölexperte Philip Verleger kommt bei seiner Analyse ebenso zu dieser Schlußfolgerung. Er sagte bei einer Anhörung im Senat: "It is my conclusion that the high prices are attributable to the failure of government energy policy."[175] Und zum Versagen der Verbraucher-

---

[173] Zur Energiesicherheit schreibt der amerikanische Ölexperte Edward Morse: "U.S. energy security is far easier to define conceptually than it is to work out in practice. ... As an energy-rich country that nonetheless depends on oil imports, U.S. energy security requires a combination of three elements. It needs to reduce consumption, to diversify its national fuel supplies and to maximize the exploitation of domestic resources while recognizing that complete energy independence is impossible to achieve." Siehe: Edward L. Morse, The Coming Oil Revolution, in: FA, Winter 1990/91, S. 36-56, hier: S. 52 f.

[174] M.A.Adelman, Oil fallacies, in: FP, Spring 1991, S. 3-16, hier: S. 13.

[175] Philip K. Verleger Jr., The Impact of trading in petroleum futures on crude oil prices during the oil crisis of 1990; statement before the Committee on Governmental Affairs of the United States Senate, November 1, 1990, p.1.

staaten, ihr wichtigstes Instrument, die strategischen Ölreserven, einzusetzen, meint er: "Government officials also proved unwilling to use the single best tool at their command: strategic stocks. The governments of Germany and Japan dragged their feet, stubbornly maintaining that there was no physical "shortage". The government of the United States was immobilized by the need to declare a "severe energy emergency" before it could act."[176]

Nach der ersten Energiekrise 1973/74 haben die westlichen Industriestaaten die Internationale Energie Agentur (IEA) gegründet, um sich gegen eine Unterbrechung der Ölversorgung zu schützen.[177] In den siebziger und achtziger Jahren wurden Notstandspläne für eine Ölknappheit ausgearbeitet sowie strategische Ölreserven für eine Versorgungskrise angelegt. All diese Maßnahmen waren für den Fall einer möglichen Kuwait-Krise getroffen worden; die IEA hatte zehn Jahre Zeit, um sich darauf vorzubereiten. Doch als die Kuwait-Krise kam, hat die IEA versagt, denn sie hat die Ölpreiskrise nicht verhindert, sie hat sich noch nicht einmal darum bemüht.[178]

Während sich der Ölpreis in den Wochen nach der irakischen Invasion Kuwaits sprunghaft erhöhte und sogar verdoppelte, hat die IEA den Ölmarkt beobachtet, analysiert und zugewartet, weil - nach Meinung der IEA - kein akuter Notstand gegeben war. So hat sich der Verwaltungsrat der IEA in den ersten acht Wochen nach Beginn der Kuwait-Krise dreimal zur Diskussion der Lage auf dem Ölmarkt getroffen und jeweils beschlossen, das Notstandsprogramm und ebenfalls die strategischen Ölreserven nicht einzusetzen.[179] Statt aktiv mit dem Instrument der strategi-

---

[176] Philip K. Verleger Jr., Understanding the 1990 oil crisis (Institute of International Economics), Washington, D.C., October 1990 (unveröff. Manuskript), 34 S., hier: S. 2.

[177] Der IEA gehören 21 der 24 OECD-Staaten an; Frankreich ist kein Mitglied, hat sich jedoch im Herbst 1990 um die IEA-Mitgliedschaft bemüht. Frankreich hat sich auch mit relativ bescheidenen Maßnahmen am Notstandsplan der IEA beteiligt. Siehe hierzu: Frankreich will der IEA beitreten, in: FAZ, 3.9.1990; und: Frankreichs Beitrag an den IEA-Plan, in: NZZ, 25.1.1991. Zur IEA siehe ausführlich: Peter Roggen, Die Internationale Energie Agentur. Energiepolitik und wirtschaftliche Sicherheit, Bonn 1979.

[178] Doch was sollte man auch von der IEA erwarten, deren Exekutivdirektorin, Dr. Helga Steeg, noch im Herbst 1989 feststellte: "Künftige Ölverknappungen werden eher kurzfristiger Natur sein." Siehe: Helga Steeg, Energiepolitik aus internationaler Sicht, in: EA, 22/1989, S. 677-684, hier: S. 679.

schen Ölreserven, die gerade für eine Krise dieser Art angelegt wurden, auf den labilen Ölmärkten einzugreifen, um den Ölpreis zu stabilisieren, hat die IEA passiv abgewartet, weil sie nur in einer 'echten Notsituation' eingreifen wollte.[180] Dabei hat die IEA übersehen, daß die erste Augustwoche die gefährlichste Phase der Kuwait-Krise im Hinblick auf die Ölversorgung ihrer Mitgliedstaaten war.[181]

Bei einer nicht nur am Volumen der Ölversorgung, sondern ebenfalls an den Preisentwicklungen auf den Ölmärkten ausgerichteten Definition einer 'echten Notsituation', hätte die IEA im September 1990 ihren Krisenplan aktivieren und die Ölreserven einsetzen müssen, um eine Ölpreiskrise zu verhindern. Hierzu hatte die IEA die Möglichkeit. So kommt der amerikanische Ölexperte Philip Verleger nach einer detaillierten Analyse zu dem Ergebnis: "That a drawdown of 30 million barrels of US official stocks --about 5 percent of the oil in the Strategic Petroleum Reserve-- during the first two months of the crisis, combined with an equal drawdown of stocks held by other countries, would have been sufficient to pre-

---

[179] Siehe hierzu: Steven Greenhouse, Nations agree oil situation is not critical, in: IHT, 10.8.1990; und: Gemäss IEA kein Notstand auf dem Ölmarkt. Kein Abbau der Regierungslager, in: NZZ, 2./3.9.1990; und: James Tanner, IEA decision could damp oil-price rises, analysts say, in: WSJ, 1.10.1990; und: Vorkehrungen gegen Ölknappheit. IEA: Noch kein Rückgriff auf Reserven erforderlich, in: SZ, 1.10.1990.

[180] Interessanterweise wurde die IEA nicht nur von Wirtschaftsforschungsinstituten wie dem DIW in Berlin, sondern auch von der OPEC gedrängt, ihre strategischen Ölreserven zur Stabilisierung des Ölpreises einzusetzen. Die IEA lehnte dies ab. Vgl.: Das DIW fordert den Einsatz der Ölreserven, in: FAZ, 20.9.1990; und: Weltölmarkt im Zeichen der Golfkrise, in: DIW-Wochenbericht 38/90 vom 20.9.1990, S. 534-536; und: Gemäss IEA kein Notstand auf dem Ölmarkt. Kein Abbau der Regierungslager, in: NZZ, 2./3.9.1990; und: United effort urged by OPEC to steady oil, in: IHT, 1.10.1990.

[181] Diese Phase dauerte vom 2. August, dem Einmarsch irakischer Truppen in Kuwait, bis zu dem Tage, an dem der amerikanische Militärschutz für Saudi-Arabien stark genug war, um eine Besetzung der saudischen Ölfelder durch irakische Truppen zu verhindern, entweder durch Abschreckung aufgrund einer Sicherheitsgarantie oder durch Verteidigung der saudischen Grenze mit Hilfe von nach Saudi-Arabien verlegten amerikanischen Truppeneinheiten. Beides ist wichtig. Die von der IEA erwartete echte Notsituation wäre bei einer Besetzung, Verminung und Zerstörung der saudischen Ölfelder durch irakische Truppen eingetreten. Dies wäre das worst-case-Szenario für die IEA gewesen, denn auch ein langandauernder Krieg hätte einen Versorgungsengpass in diesem Ausmaße wohl nicht als Folge gehabt.

vent prices from increasing. A rough calculation suggests that this failure to act cost the world's consumers $40 billion."[182]

Erst als das UN-Ultimatum und damit ein Krieg immer näher rückte, forderte die IEA ihre Mitglieder zur Vorbereitung auf den Krisenfall auf, da bei einem Krieg mit einer "erheblichen Versorgungsstörung" zu rechnen sei. Für den Fall eines Krieges hat die IEA am 11. Januar 1991 dann doch einen Notstandsplan zur Sicherung der Ölversorgung beschlossen und diesen nach Beginn des Krieges am 17. Januar in Kraft gesetzt. Danach sollten die IEA-Mitgliedstaaten 2,5 mbd verfügbar machen, und zwar zwei mbd als Ölangebot aus der strategischen Ölreserve und 0,5 mbd als verminderte Ölnachfrage. Vom zusätzlichen Ölangebot sollten die USA 1,1 mbd an den Markt abgeben, Japan 0,35 mbd, die Bundesrepublik 0,186 mbd, Italien 0,13 mbd und Großbritannien 0,12 mbd.[183]

Doch die IEA setzte diese strategischen Ölreserven nicht flexibel zur Stabilisierung des Ölpreises ein, sondern hielt am 17. Januar (dem Beginn des Luftkrieges) an ihrem Krisenplan fest und trug deshalb dazu bei, die Ölmärkte weiter zu verunsichern statt situationsgerecht einzugreifen, um das Marktgeschehen zu stabilisieren. In einem gewissen Umfange trug die IEA mit ihrem Verhalten dazu bei, daß es an diesem ersten Kriegstage zu einem 'historischen Ölpreissturz' kam: Zwar stieg der Ölpreis in Asien in den ersten Stunden nach Kriegsbeginn bis auf 33,5 Dollar je Barrel, doch fiel der Ölpreis im Laufe des Tages auf 29 Dollar in Asien, auf nahezu 20 Dollar in Europa und sogar auf unter 20 Dollar in New York.[184] Einen Ölpreissturz in diesem Ausmaße innerhalb eines Markttages hatte es vorher nocht nicht gegeben.

---

[182] Philip K. Verleger Jr., Understanding the 1990 oil crisis, a.a.O., S. 19. Im Vergleich mit den 45-50 Milliarden Dollar amerikanischen Kriegskosten und der intensiven Diskussion über deren Finanzierung zeigt sich, welch eine Belastung den Verbrauchern aufgebürdet wurde, ohne daß es darüber eine ähnliche Diskussion gab.

[183] Siehe hierzu: Tom Redburn, IEA to release oil reserves in case of war, in: IHT 12./13.1.1991; und: Wie die Notfall-Pläne bei einer Ölkrise aussehen, in: SZ, 16.1.1991; und: Die IEA setzt den Notstandsplan in Kraft, in: FAZ, 18.1.1991; und: U.S. is biggest donor in emergency oil plan, in: IHT, 18.1.1991.

[184] Dies war die Schlagzeile im Wirtschaftsteil der IHT am 18. Januar 1991: "World Oil Prices Take Historic Plunge". Zu den Preisangaben siehe ebenda: Tom Redburn, Industrial nations to tap their strategic reserves, in: IHT, 18.1.1991. Tom Redburn berich-

Obwohl es nach Kriegsausbruch zu stark sinkenden Ölpreisen kam und keinerlei Knappheitserscheinungen auf den Ölmärkten auftraten, hat die IEA dennoch ihr Notstandsprogramm fortgeführt. Der OPEC-Präsidenten Sadek Boussena warf der IEA vor, sie hätte den Krisenplan unnötigerweise ausgelöst und damit zum Preissturz des Erdöls beigetragen.[185] Die IEA-Direktorin Helga Steeg wies den Vorwurf einer "Preispolitik" ihrer Agentur nachdrücklich zurück und verwies darauf, der Krisenplan habe nur zum Ziel gehabt, Panikkäufe zu verhindern; das zusätzliche Öl sei zwar verfügbar gemacht, aber den Märkten "nicht aufgezwungen worden".[186] Erst am 6. März, nach dem Kriegsende, hat die IEA ihr Notstandsprogramm aufgehoben.[187]

Aus den Erfahrungen der Kuwait-Krise müssen mehrere Konsequenzen für die IEA gezogen werden: Erstens, die IEA hat sich als unwillig und unfähig gezeigt, eine Ölpreiskrise zu vermeiden. Sowohl die IEA-Definition einer "Versorgungskrise" als auch die Konzepte und Instrumente gilt es zu überprüfen. So hat die IEA im September 1990 den Einsatz der Ölreserven abgelehnt und damit die Chance ungenutzt gelassen, die Ölpreis-

---

tete auch darüber, daß aufgrund des Ölpreissturzes zum ersten Mal "an emergency one-hour trading halt" an der New Yorker Börse notwendig war.

[185] Siehe hierzu: IEA berät über Anpassung des Krisenplans. Sinkende Ölpreise führen zu Kritik an der Energie-Agentur, in: FAZ, 28.1.1991; und: Tom Redburn, IEA seeks to reassure oil markets, in: IHT, 29.1.1991; und: Weiterführung des IEA-Notstandsprogrammes. Anhaltend sichere Versorgungslage, in: NZZ, 30.1.1991.

[186] Vgl.: Energieagentur warnt vor "künstlicher" Ölverteuerung. Ein Gespräch mit Helga Steeg, in: FAZ, 13.2.1991. In diesem Gespräch mit der FAZ hat die IEA-Direktorin jedoch indirekt den Vorwurf einer IEA-Preispolitik bestätigt, denn sie hat einerseits Preisinterventionen durch ihre Agentur abgelehnt, andererseits jedoch darauf verwiesen, daß die Preise für Rohöl nach Kriegsausbruch in Asien bereits mehrere Stunden vor Bekanntgabe der Inkraftsetzung des IEA-Notstandsplans zurückgegangen waren. Da die IEA dies wußte, hat sie mit ihrem Krisenplan dazu beigetragen, daß es zum größten Ölpreissturz in der Geschichte kommen konnte.

[187] Insgesamt 17 OECD-Staaten haben Lageröl verfügbar gemacht, und zwar haben die USA und die Bundesrepublik Erdöl aus den strategischen Regierungsreserven angeboten, während Japan und Frankreich das Ölangebot über eine Lockerung der Lagervorschriften für Erdölgesellschaften erhöhten und dies in Großbritannien durch Abkommen mit privaten Unternehmen geschah. Da es keine Ölknappheit gab, konnte nur ein Teil dieses Lageröls verkauft werden. So haben die USA zwar 33,75 Mio. Barrel Öl zum Verkauf angeboten, aber nur für 17,3 Mio. Barrel tatsächlich einen Käufer gefunden. Siehe hierzu: Steven Greenhouse, IEA halts oil stock releases, in: IHT, 7.3.1991; und: Erdöl-Notstandsprogramm aufgehoben, in: NZZ, 8.3.1991; und: Der Erdölmarkt nach dem Golfkrieg, in: NZZ, 7./8.4.1991.

steigerungen zu verhindern. Vier Monate später hat eben diese IEA dann doch die Ölreserven eingesetzt und hat damit - bei umgekehrter Marktlage - den Ölpreissturz beschleunigt, also wiederum zur Stabilisierung der Ölpreise nicht beigetragen.

Zweitens zeigte sich, daß das auf das Spiel der Marktkräfte vertrauende IEA-Krisenkonzept große Mängel hat, weil in einer Krise politische Prioritäten ökonomische Argumente dominieren. In einer Krisenlage müssen Regierungen einschreiten und können nicht alleine auf die Marktkräfte vertrauen.

Drittens zeigte sich, daß die IEA-Instrumente für eine Krise nicht ausreichen. So hat die IEA am Anfang der Kuwait-Krise den Einsatz der Ölreserven mit dem Argument abgelehnt, dieses Öl müsse für den zu erwartenden Fall einer 'echten Versorgungskrise' aufgespart werden. Als Konsequenz müssen die strategischen Ölreserven wesentlich vergrößert werden.[188] Hierbei muß geprüft werden, ob die Kosten für die strategischen Ölreserven von den Verbraucher- und Produzentenländern gemeinsam getragen werden können.[189] Weiterhin zeigte sich, daß die IEA als zusätzliches Instrument "strategische Raffineriekapazitäten" aufbauen muß, denn mit dem Ölembargo entfielen auch kuwaitische Raffineriekapazitäten von 800 000 Barrel pro Tag. Die damit entstandene Lücke auf dem Weltmarkt konnte nicht ausgeglichen werden.

Viertens muß insgesamt festgestellt werden, daß die IEA in der Kuwait-Krise versagt hat. Trotz einer Vorbereitungszeit von mehr als einundhalb Jahrzehnten und trotz der Erfahrung aus den beiden ersten Energiekrisen sowie dem Energiepreiszusammenbruch Mitte der achtziger Jahre, hat die IEA sowohl im Herbst 1990 als auch im Januar 1991 eine Ölpreiskrise nicht verhindern können und vielmehr dazu beigetragen, die Preisinstabi-

---

[188] Diese Forderung hat die IEA-Ministerkonferenz im Juni 1991 übernommen und die 21 Mitgliedsländer aufgefordert, ihre staatlichen oder staatlich kontrollierten Ölreserven aufzustocken. Vgl.: Ölreserven sollen weiter aufgestockt werden, in: FAZ, 5.6.1991; und: EC energy chief urges more oil stocks, in: IHT, 30.5.1991.

[189] So soll der saudische Ölminister Nazer bei seinem Besuch in Washington im Mai 1991 bereits mit dem amerikanischen Energieminister James Watkins über das "leasing" von saudischem Erdöl für die strategischen Ölreserven der USA gesprochen haben. Siehe hierzu: James Tanner, Producers, users increase efforts to limit volatile price swings, in: WSJ, 21.5.1991.

lität auf den Ölmärkten zu erhöhen. Die Chance, eine neuerliche Ölpreiskrise zu verhindern, war gegeben - wie Adelman feststellt -, doch die Verbraucherstaaten haben sie verpaßt.

Die IEA hat in der Kuwait-Krise mehr geschadet als genutzt. Die IEA hat nicht nur ein effektives Krisenmanagement vermissen lassen, sondern war auch im Hinblick auf Konzepte und Instrumente nur ungenügend auf eine neuerliche Energiekrise vorbereitet. Zudem hat die IEA den großen Ölimportländern als willkommene Ausrede für ihre Passivität gedient. Ohne die IEA hätten die USA, Japan und die Bundesrepublik, die gleichzeitig die größten strategischen Ölreserven halten, ein aktives Krisenmanagement betreiben müssen.

Aufgrund der Erfahrungen aus der Kuwait-Krise gilt es, nicht nur das IEA-Verhalten gründlich zu analysieren und effektive Reformmaßnahmen zu diskutieren, sondern diesmal müssen auch einige grundsätzliche Fragen neu überdacht werden, zum Beispiel: Ist die IEA angesichts der Veränderungen auf den Ölmärkten sowie im Hinblick auf die gewandelten Beziehungen zwischen OPEC- und OECD-Staaten in den neunziger Jahren noch erforderlich? Welche Mechanismen, Regelungen und Vereinbarungen könnten im Hinblick auf die Energiesicherheit der westlichen Industriestaaten bessere Ergebnisse erzielen?

Zur Vorbereitung auf die nächste Krise ist es von besonderer Bedeutung, daß die drei großen Öleinfuhrstaaten, die USA, Japan und die Bundesrepublik, einen kooperativen Mechanismus ausarbeiten, der es ermöglicht, im Falle einer krisenhaften Lage (die im Hinblick auf Angebotsvolumen und Preise zu definieren ist) auf dem Ölmarkt, flexibel, schnell und effektiv einzugreifen, um den Ölpreis zu stabilisieren. Ähnlich der Situation im Währungsbereich wäre es notwendig, in diesen drei Staaten einem kleinen Stab von Mitarbeitern im Department of Energy in Washington, D.C., im MITI in Tokyo sowie im BMWI in Bonn die erforderlichen Kompetenzen zu geben, um erratische Bewegungen des Ölpreises zu stabilisieren und möglichst nur innerhalb einer Bandbreite schwanken zu lassen.[190] Damit die Kosten breiter verteilt werden, sollte der EG-Energiekommissar die notwendigen Kompetenzen erhalten, um

---

[190] Ein solcher Vorschlag stammt unter anderem vom französischen Finanzminister Bérégovoy. Siehe hierzu: Erdöl-Notstandsprogramm aufgehoben. Vor einem Konsu-

die Mitgliedstaaten zur Unterhaltung von strategischen Ölreserven verpflichten zu können.[191]

Einen effektiven "Ölpreismechanismus" zur Stabilisierung der Ölpreise wird es jedoch nur bei einer Kooperation von Verbraucher- und Produzentenländern geben können. Im Verlauf der Kuwait-Krise wurde mehrmals ein Konsumenten-Produzenten-Dialog gefordert.[192] Über die Aufnahme eines solchen Dialogs hat im Juni die IEA-Ministerkonferenz beraten und dabei eine französisch-venezulanische Initiative für eine stär-

---

menten-Produzenten-Dialog, in: NZZ, 8.3.1991. Der frühere saudische Ölminister Sheich Yamani setzte sich ebenfalls für eine Stabilisierung der Ölpreise ein und forderte die großen Ölproduzenten- und Ölverbraucherstaaten auf, gemeinsam über Ölproduktion und Ölpreise zu sprechen. Wörtlich sagte er: "I'm not thinking of a fixed price - OPEC has proved that a fixed price cannot work - but a range within which the price of oil can go up or down." Zitiert in: Leigh Bruce, Oil agreement pushed to stabilize the market, in: IHT, 14.6.1991. Sheich Yamani hatte bereits im Jahre 1975 noch als saudischer Ölminister eine französischen Vorschlag unterstützt, eine Konferenz mit Vertretern der Industriestaaten, der Ölförderländer und der ölimportierenden Entwicklungsländer einzuberufen. Damals scheiterten die Pläne am Widerstand der USA, die als Ergebnis der ersten Energiekrise mit Hilfe der neugegründeten IEA eine Strategie des "roll-back" gegenüber der OPEC verfolgten. Siehe hierzu: Hanns W. Maull, Von der neuen Weltenergieordnung zur neuen Weltwirtschaftsordnung, in: IP 1975/76, München 1981, S. 56-77, hier: S. 70 f.

[191] Bereits im Oktober 1990 hat der portugiesische EG-Kommissar für Energiefragen, Antonio Cardoso e Cunha, zusätzliche Energiekompetenzen für die EG-Kommission verlangt, um im Falle einer akuten Ölknappheit dann mit Hilfe von Notmaßnahmen auf die Angebots- und Nachfrageseite des Ölmarktes eingreifen zu können. Zu diesem Zweck sollte die EG-Kommission, so der Vorschlag, über ein Drittel der nationalen Ölreserven verfügen können. (Vgl.: Energiekompetenzen für die EG-Kommission?, in: NZZ, 27.10.1990.) Große Ölreserven besitzen insbesondere die USA, Japan und die Bundesrepublik. Die Vorräte in einer Reihe von anderen Ländern, zum Beispiel in Frankreich und Großbritannien, bleiben dagegen hinter den vereinbarten gesetzlichen Anforderungen zurück. Die EG-Kommission sollte deshalb die notwendigen Kompetenzen erhalten, um in allen Mitgliedstaaten eine Ölreserve von mindestens 90 Tagen durchsetzen zu können. Damit müßte die nationale Kontrolle über die Ölreserven nicht unbedingt auf die EG-Kommission übergehen.

[192] So hat das DIW mit deutlichen Worten einen Dialog gefordert: "Da sich die OPEC in der derzeitigen Krisensituation zu einer weltweiten Versorgungspflicht bekannt und damit die Preiseskalation begrenzt hat, wird sie von den westlichen Industrieländern mit Recht erwarten, daß diese nun ihrerseits helfen, einem dramatischen Fall der Ölpreise entgegenzuwirken. Ein verstärkter Dialog zwischen den Ölförderländern und den Verbraucherländern ist jedenfalls unabweisbar, weil sonst neue Konfrontationen programmiert sind." Vgl.: Der Weltölmarkt im Zeichen des Golfkrieges, in: DIW-Wochenbericht 4-5/91 vom 31.1.1991, S. 31-35, hier: S. 35.

kere Kooperation grundsätzlich begrüßt.[193] Von der OPEC wird ein solcher Dialog schon des längeren gefordert.

4.6.3 Eine neue OPEC: Kooperation statt Konfrontation

Im Unterschied zu den beiden Energiekrisen in den siebziger Jahren verfolgte die OPEC in der Kuwait-Krise nicht das Ziel, eine anhaltend starke Preissteigerung für Rohöl durchzusetzen. Sie war vielmehr von Anfang an bemüht, die aufgrund des UN-Embargos gegen Irak und Kuwait fehlenden Ölmengen auszugleichen, und zwar einerseits durch Produktionssteigerungen einiger OPEC-Länder und andererseits durch Freigabe eines Teils der strategischen Ölreserven der westlichen Industriestaaten.[194] Da die Erdölverbraucher, namentlich die IEA-Staaten, eine angemessene Reaktion im Hinblick auf eine Stabilisierung der Ölpreise vermissen ließen, hat die OPEC ihre Ölproduktion ausgeweitet und im ersten Quartal 1991 den irakisch-kuwaitischen Förderausfall völlig ausgeglichen; alleine Saudi-Arabien hat seine Ölförderung um 46 Prozent erhöht, dies entsprach einer Mehrförderung von 2,6 mbd.

Für das Verhalten der OPEC gab es zwei Gründe: Eigeninteresse und politischer Druck. Erdöl war die wichtigste Ursache der Kuwait-Krise: Ohne Erdöl hätte der Irak sein tödliches Waffenarsenal nicht kaufen können; ohne Erdöl hätte es wohl keine irakische Invasion Kuwaits gegeben; und ohne Erdöl wäre ein so rasches und massives militärisches Engagement der Vereinigten Staaten wahrscheinlich nicht erfolgt. Da die Vereinigten Staaten den militärischen Schutz für Saudi-Arabien - und später auch für andere Golf-Staaten - übernahmen, haben sie nicht nur deren Souveränität, sondern auch deren Ölförderanlagen vor einem irakischen Angriff beschützt und damit einerseits für eine Beruhigung auf den Ölmärkten gesorgt, andererseits aber auch einen Einfluß auf die Regie-

---

[193] Vgl.: Tagung der Internationalen Energieagentur, in: NZZ, 5.6.1991.

[194] Die OPEC hat bereits im August 1990 die Verbraucherstaaten aufgefordert, ihre strategischen Ölreserven zur Stabilisierung der Ölpreise einzusetzen. Auf der OPEC-Ministerkonferenz im Dezember 1990 wurde ein erneuter Solidaritätsappell an die Verbraucherstaaten gerichtet, doch die IEA ging darauf nicht ein. Erst nach Kriegsende wollte die IEA über das Dialogangebot der OPEC sprechen. Vgl.: Sistierung der Opec-Produktionsbegrenzung. Beistandsappell an IEA-Länder und Erdölkonzerne, in: NZZ, 31.8.1990; und: United effort urged by OPEC to steady oil, in: IHT, 1.10.1990; und: Solidaritätsappell der OPEC an die Verbraucher. Erdölschwemme und Preisein-

rungen dieser Staaten gewonnen, den die USA für eine beträchtliche Ausweitung der Ölproduktion nutzten.[195]

Eine Ausweitung der Ölförderung lag andererseits im Eigeninteresse der OPEC-Staaten. Sie mußten seit Anfang der achtziger Jahre einem Zerfall der Ölpreise und damit ihrer Öleinnahmen tatenlos zusehen, denn die OPEC-Produktion war zu hoch und die OPEC-Disziplin zu gering, um den Ölpreisverfall zu verhindern.[196] Nun war es aufgrund der Kuwait-Krise und des Förderausfalls des irakischen und kuwaitischen Erdöls möglich, diese Entwicklung umzukehren. Sprunghaft steigende Preise und die eindrucksvolle Steigerung der Ölförderung ermöglichten ungeplante Öleinnahmen in Milliardenhöhe.[197] So haben die OPEC-Staaten alleine im Jahre 1990 ihre Öleinnahmen um 42 Prozent auf 166 Milliarden Dollar erhöht. Von den Mehreinnahmen von 49 Milliarden Dollar entfielen alleine 24 Milliarden Dollar auf Saudi-Arabien, das damit seine Öleinnahmen nahezu verdoppelte. Aber auch Algerien, Gabun, Indonesien, Iran, Katar, Libyen, Nigeria, Venezuela und die VAE konnten ihre Öleinnahmen um 44 bis 72 Prozent steigern.[198]

Die OPEC hatte jedoch aus dem Zusammenbruch des Ölpreises in den achtziger Jahren gelernt und auch deshalb aus Eigeninteresse die Ölproduktion erhöht, um exzessive und unkontrollierbare Preisschwankungen zu verhindern, die schwerwiegende Auswirkungen für die Wirtschafts- und Sozialstrukturen der Mitgliedstaaten sowie für die Erdölwirtschaft

---

bruch nach der Golfkrise?, in: NZZ, 14.12.1990; und: Steven Greenhouse, IEA halts oil stock releases. Agency to weigh a dialogue with OPEC producers, in: IHT, 7.3.1991.

[195] Bis Mitte August hatten erst Indonesien, Iran, Libyen und Nigeria ihre Ölförderung erhöht - Saudi-Arabien, die VAE und Venezuela warteten noch ab, da sie von einer Produktionsausweitung eine Schwächung der OPEC erwarteten. Erst am 19. August kündigte Saudi-Arabien eine Steigerung seiner Ölförderung an. Der amerikanische Einfluß war notwendig, um die saudische Ölproduktion zu erhöhen.

[196] Zum Ölpreisverfall schreibt Adelman: "A grade of oil known as Arab Light, for example, in 1990 dollars, was approximately $3.75 per barrel in 1970, $23 in 1978, $54 in 1980, and $16 in 1986. At the end of June 1990, oil at nearly $13 per barrel was, in fact, overpriced. ... All OPEC members with excess capacity had overproduced." Siehe: M.A. Adelman, Oil fallacies, in: FP, Spring 1991, S. 3-16, hier: S. 6.

[197] Dies galt nicht nur für die OPEC-Staaten, sondern für alle Ölproduzenten, also für Mexiko ebenfalls wie für Großbritannien, Norwegen, die USA oder die Sowjetunion.

[198] Vgl. hierzu: Saudis als Gewinner der Golfkrise, in: SZ, 21.1.1991; und: Venezuela will Erdölproduktion steigern, in: FAZ, 28.2.1991.

insgesamt bringen könnten. Deshalb hat die OPEC bereits bei ihrem Krisentreffen im August 1990 für die Dauer der Kuwait-Krise jedem Mitglied zugestanden, über die sonst festgesetzten Quoten hinaus, Erdöl zu fördern. Erst nach Kriegsende beschloß die OPEC, die Ölförderung um eine auf 22,3 mbd zu kürzen; diese Fördermenge wurde dann auch im dritten Quartal 1991 beibehalten.[199]

Die Kuwait-Krise brachte für die OPEC eine Reihe wichtiger Veränderungen: Saudi-Arabien wurde zur unangefochtenen dominierenden Macht der OPEC; Iran hat sich als kooperatives Mitglied wieder in die OPEC eingefügt; der größte Störenfried der OPEC, nämlich Saddam Hussein, verlor seinen Einfluß gänzlich; schließlich hat die OPEC ihre Konfrontationsstrategie abgemildert und stattdessen auf eine Kooperation mit den Verbraucherländern hingearbeitet.

Saudi-Arabien erhöhte während der Kuwait-Krise seinen Anteil an der OPEC-Produktion von 25 auf 36 Prozent. Damit können die Saudis den OPEC-Ölpreis wesentlich mitbestimmen; zumindest wird es gegen ihren Willen keine Ölpreissteigerungen geben.[200] Saudi-Arabiens Ölförderung lag bei zehn mbd im Jahre 1980, mußte dann jedoch auf 3,5 mbd in 1985 reduziert werden; im Frühjahr 1990 förderten die Saudis 5,3 mdb und ein Jahr später 8,4 mbd. Die saudischen Ölkapazitäten sind damit nicht erschöpft. Deshalb wird es Preiserhöhungen über reduzierte OPEC-Quoten nur mit aber nicht gegen Saudi-Arabien geben können.

Hinzu kommt, daß der Iran nach dem Kuwait-Krieg seine Ölpolitik grundlegend änderte, einen pragmatischen Weg einschlug und erstmals Saudi-Arabien unterstützte, das den Irak im Krieg mit dem Iran finanzierte. Iran ist der zweitgrößte Ölproduzent der OPEC. Iran und Saudi-Arabien sind für hohe Ölförderung und gemäßigte Preise. Gemeinsam können sie diese Ziele auch gegen Widerstand in der OPEC durchsetzen. Der iranische Politikwandel läßt sich auf den Fehlschlag der irakischen Hochpreis-Konfliktstrategie zurückführen, aber auch auf das iranische Bemühen, eine Führungsrolle in der OPEC und in der Golfregion einzu-

---

[199] Vgl. hierzu: Die Opec einigt sich auf ein Ölförderlimit, in: FAZ, 13.3.1991; und: Opec: Fördermengen zunächst nicht begrenzt, in: FAZ, 5.6.1991; und: OPEC agrees it will hold output steady for 3 months, in: WSJ, 5.6.1991.

[200] Siehe hierzu: James Tanner, Saudis may try to make post-war OPEC. Focus on high output and a modes price, in: WSJ, 25.2.1991.

nehmen sowie auf die iranische Notwendigkeit, ausländische Investitionen ins Land zu holen.[201]

Die Kuwait-Krise wurde von Saddam Hussein angezettelt, weil er von Kuwait einen Ausgleich für 'gestohlenes Öl' aus dem gemeinsamen Rumaila-Ölfeld haben und Kuwait dazu bringen wollte, seine über die OPEC-Quote hinausgehende Ölförderung einzustellen, um einen höheren Ölpreis durchzusetzen. Das UN-Embargo hat dann den Irak als Ölanbieter vom Markt ausgeschlossen und andere OPEC-Staaten haben den irakischen Förderausfall ausgeglichen. Im Frühjahr 1990 war der Irak der Zuchtmeister der OPEC; ein Jahr später muß der Irak sich mit einer Zuschauerrolle begnügen. Dies wird sich erst ändern, wenn das UN-Embargo aufgehoben und die irakische Ölförderung wieder die OPEC-Quote erreichen wird.[202]

Im Hinblick auf die Abhängigkeit der Verbraucherländer von der Ölversorgung aus der Golfregion ist die wichtigste Veränderung die Abkehr der OPEC von ihrer jahrzehntelangen Konfrontationsstrategie. Schon wenige Wochen nach Beginn der Kuwait-Krise forderte die OPEC die westlichen Industriestaaten auf, sich aktiv an der Stabilisierung der Ölpreise zu beteiligen. Die OPEC betonte das gemeinsame Interesse an stabilen sowie realistischen Ölpreisen und wiederholte ihren Solidaritätsappell im Laufe des Herbstes mehrmals. Die IEA-Staaten haben darauf nicht reagiert. Es war, wie bereits erwähnt, die OPEC, die - ganz im Unterschied zu den beiden ersten Energiekrisen - ihre Ölförderung ausweitete, den irakischen und kuwaitischen Förderausfall ausglich und damit zur Stabilisierung der Ölpreise wesentlich beitrug, aber auch die Grundlage legte für den Rückgang der Ölpreise auf das Niveau vor der irakischen Invasion Kuwaits.

Die OPEC ist nach der Kuwait-Krise nicht mehr das aggressive Monopol der siebziger Jahre, vielmehr betont die OPEC nunmehr die

---

[201] Siehe hierzu: Allanna Sullivan und Jamees Tanner, Iran emerges as a new power within OPEC after Gulf war, in: WSJ, 18.3.1991; und: Oil meeting marks Iran's comeback, in: IHT, 27.5.1991; und: Thomas W. Lippman, Iran, citing need for aid, will help stabilize oil prices, in: IHT, 28.5.1991.

[202] Siehe: James Tanner, OPEC defers output wrangling over re-entry of Iraq and Kuwait, in: WSJ, 6.6.1991. Der Ölüberhang wird nach dem Löschen der Ölquellen Kuwaits und

gemeinsamen Interessen mit den Verbraucherländern und hat diese sogar zu einem 'Produzenten-Konsumenten-Dialog' aufgefordert. Obwohl die IEA, die USA und Großbritannien solche Gespräche ablehnten, gab es dennoch nach dem Ende des Kuwait-Krieges verstärkte Bemühungen, eine Kooperation zwischen OPEC- und IEA-Staaten zu ermöglichen. So haben Frankreich und Venezuela eine Konferenz angeregt, auf der Anfang Juli in Paris erstmals die gemeinsamen Interessen und Möglichkeiten der Produzenten- und Verbraucherländer für eine Stabilisierung der Ölpreise diskutiert wurden.[203]

Auch ohne einen förmlichen Dialog zwischen OPEC und IEA, haben vor allem die Golf-Alliierten einen beträchtlichen Einfluß auf die OPEC gewonnen. Während die IEA im Herbst 1990 Gespräche mit der OPEC noch strikt ablehnte, haben die USA mitentscheidend auf die Steigerung der OPEC-Ölförderung eingewirkt; auch dies ein Beispiel für die eher hinterliche Politik des IEA-Managements. Zwar bevorzugen die USA enge Beziehungen mit Ölproduzenten auf bilateraler Basis, aber ihre engen Beziehungen zu Saudi-Arabien, den VAE und Kuwait bedeuten gleichzeitig, daß sie einen direkten Einfluß auf 20-25 Prozent der Weltölförderung haben. So sieht das auch die Bush Administration, denn ihr as-

---

der Wiederaufnahme der kuwaitischen Ölförderung noch größer werden. Vgl.: Matthew L. Wald, Road to recovery for Kuwait's wells, in: IHT, 10.5.1991.

[203] Die IEA-Ministerkonferenz begrüßte im Juni 1991 die Initiative Frankreichs (das erst wenige Tage vorher IEA-Vollmitglied wurde) zwar grundsätzlich, warnte jedoch davor, daß es bei dem Treffen unter keinen Umständen zu Preis- oder Mengenabsprachen kommen dürfe. Siehe hierzu: Tagung der Internationalen Energieagentur: Herausforderungen für osteuropäische Staaten, in: NZZ, 5.6.1991; und: James Tanner, Producers, users increase efforts to limit oil's volatile price swings, in: WSJ, 21.5.1991. Die neuerliche Diskussion über Gemeinsamkeiten hat sich auch schon in Form eines milliardenschweren Investitionsprojektes niedergeschlagen: Japanische Firmen haben mit Saudi-Arabien ein 4 Mrd.Dollar Projekt abgeschlossen mit dem Ziel, in beiden Ländern Rafinerien zu bauen und zu betreiben. Damit wird der japanische Markt erstmals für einen großen Ölproduzenten aus der Golfregion geöffnet. Vgl.: Quentin Hardy, Oil project is set by Saudis and Japanese, in: WSJ, 29.5.1991. Zur Pariser Konferenz siehe: Youssef M. Ibrahim, Oil consumers and users promise to make 'dialogue' a tradition, in: IHT, 4.7.1991.

sistant secretary of energy, John J. Easton Jr., stellte hierzu fest: "I think we are going to see a closer relationship between the Gulf oil producers and ourselves."[204]

Die "neue OPEC" hat wesentlich an Macht verloren, sie betont Kooperation statt Konfrontation, sie ruft die Verbraucherländer zum solidarischen Handeln auf und sie bietet den IEA-Staaten einen Dialog über die gemeinsamen Interessen an. Es gibt gute Gründe für die IEA, auf dieses Dialog-Angebot einzugehen, denn Energiesicherheit ist zu einem Dauerproblem geworden.

---

[204] Zitiert in: Louis Uchitelle, For U.S., new clout in OPEC, in: IHT, 6.3.1991. Eine ähnliche Einschätzung stammt von Kuwaits Ölminister Raschid el Amiri, der sich davon überzeugt zeigte, daß die USA, Großbritannien und Frankreich aufgrund des Sieges im Kuwait-Krieg mehr Einfluß auf die Politik der OPEC bekämen. Wörtlich sagte er: "Sie müssen etwas zu sagen haben, um ihre Interessen zu schützen." Zitiert in: Golf-Alliierte bekommen Einfluß auf die OPEC, in: SZ, 11.3.1991; ebenfalls: James Tanner, Saudi official says nation's oil links will strengthen with U.S., others, in: WSJ, 7.5.1991.

5. SCHLUSSBETRACHTUNG: DIE KUWAIT-KRISE ALS PROLOG DER DRITTEN ENERGIEKRISE?

Saddam Hussein hat mit dem Überfall auf Kuwait die westlichen Industriestaaten wachgerüttelt und sie an ihre Ölabhängigkeit aus der Golfregion erinnert. Vielleicht ziehen sie diesmal die richtigen Lehren aus den Ereignissen. Dazu müßte gehören: Erdöl ist aufgrund der begrenzten Reserven und der Bedeutung für die Volkswirtschaften ein besonderer Rohstoff; eine gesicherte Versorgung mit Öl stellt einen zentralen Aspekt ihrer wirtschaftlichen und nationalen Sicherheit dar; die heimische Öl- und allgemeiner Energieproduktion muß gesteigert, Altenativenergien gefördert und Energiesparmaßnahmen forciert werden.

Falls die Kuwait-Krise zu keiner Änderung der Öl- und Energiepolitiken der OECD-Staaten führt, dann wird der Ölverbrauch auch weiterhin mit 1,5 bis 2 Prozent pro Jahr ansteigen. Diese zusätzliche Ölnachfrage kann aber nur von den Golfstaaten befriedigt werden; dies gilt kurzfristig und noch viel mehr längerfristig, denn drei Viertel der Erdölreserven liegen in OPEC-Staaten. In der zweiten Hälfte der neunziger Jahre werden die westlichen Industriestaaten aus diesem Grunde noch wesentlich ölabhängiger von dieser politisch so instabilen und konfliktbeladenen Region sein. Man muß deshalb kein Prophet sein, um vorherzusagen, daß die Kuwait-Krise nicht die letzte Bedrohung der Energiesicherheit des Westens aus der Golfregion war, sondern wohl eher der Prolog der dritten Energiekrise.[1]

Bei der Beurteilung der Versorgungslage mit Erdöl in den neunziger Jahren gilt es, die Grundlagen und die Entwicklungen der achtziger Jahre zu berücksichtigen. So haben zwar von 1985 bis 1989 die weltweit nachgewie-

---

[1] Für Daniel Yergin war der Zusammenbruch des Ölpreises im Jahre 1986 bereits die dritte Energiekrise: "Then the price began to collapse. What ensued was no less turbulent and dramatic than the crises of 1973-74 and 1979-81. ... It was, indeed, the Third Oil Shock, but all the consequences ran in the opposite direction. Now, the exporters were scrambling for markets, rather than buyers for supplies. ... Consumers were, of course, jubilant. All their fears about a permanent oil shortage were now laid to rest." Siehe: Daniel Yergin, The Prize. The Epic Quest for Oil, Money, and Power, New York 1991, S.750 und 752. Gerade im Hinblick auf die ökonomischen Belastungen für die Industriestaaten war der Ölpreiszusammenbruch kein Ölschock vergleichbar den beiden in den siebziger Jahren; es war vielmehr ein externes Konjunkturprogramm, das sie gewissermaßen von der OPEC als Geschenk erhielten.

senen Ölreserven von 708 auf 1012 Milliarden Barrel zugenommen, doch der Großteil des Zuwachses beruht auf einer Höherbewertung bereits bekannter Lagerstätten. Die Restnutzungsdauer der Ölreserven bei konstanter Produktion erhöhte sich in den achtziger Jahren weltweit auf über 40 Jahre.

Der Weltölverbrauch ist seit 1985 um 5,6 mbd gestiegen, und zwar um 2,3 Prozent pro Jahr. Der Ölpreisverfall im Jahr 1986 hat Ölangebot und Ölnachfrage in den vergangenen Jahren entscheidend beeinflußt. Seit Mitte der achtziger Jahre stieg der Weltölverbrauch, gleichzeitig haben die USA ihre Ölförderung um 1,4 mbd reduziert; dieser Fehlbetrag und der weltweite Mehrverbrauch mußten im wesentlichen durch die OPEC gedeckt werden. Die Ölförderung der OPEC stieg von 15 mbd in 1985 auf 23,5 mbd im ersten Halbjahr 1990. Die Auslastung der Produktionskapazität der OPEC stieg auf über 80 Prozent und lag damit höher als vor der zweiten Energiekrise.

In den neunziger Jahren wird die Versorgungslage beim Erdöl durch Entwicklungen in drei Bereichen gefährdet bleiben: Veränderungen beim Angebot und der Nachfrage nach Erdöl, ein wachsender Marktanteil der OPEC und Versorgungsstörungen aufgrund politischer Risiken. Auch nach der Kuwait-Krise bleibt deshalb richtig, was der ehemalige amerikanische Energieminister James Schlesinger im Frühjahr 1990 schrieb: "The main point is to emphasize the steadily growing dependency on OPEC and upon the Persian Gulf, a region of the world not noted for its political stability."[2]

Der Welt-Energieverbrauch hat sich in den vergangenen vier Jahrzehnten nahezu vervierfacht. Der Energieverbrauch konzentriert sich zu einem großen Teil auf die nördliche Erdhalbkugel. Hauptursache für den gestiegenen weltweiten Energieverbrauch in den letzten Jahren war das Bevölkerungswachstum in den Entwicklungsländern. Hauptenergieträger blieb auch in den achtziger Jahren Erdöl, das den weltweiten Bedarf zu mehr als 40 Prozent deckte.[3]

---

[2] James Schlesinger, Oil and power in the nineties, in: The National Interest, Spring 1990, S.111-115, hier: S.113.

[3] Siehe hierzu: Energieverbrauch weltweit gestiegen. Hauptursache ist das Bevölkerungswachstum in der Dritten Welt, in: SZ, 7.1.1991; und: Der Energieverbrauch steigt wei-

Nach einer IEA-Prognose soll der Welt-Energieverbrauch bis zum Jahr 2005 um 40 Prozent ansteigen; die Hälfte dieses Zuwachses werde auf Entwicklungsländer entfallen, die andere Hälfte zu etwa gleichen Teilen auf die OECD-Staaten und die mittel- und osteuropäischen Länder einschließlich der UdSSR. Nach diesen Berechnungen der IEA soll der Weltrohölbedarf bis zum Jahre 2005 jährlich um 1,7 Prozent steigen, und zwar am stärksten in den Entwicklungsländern (3,4 Prozent), am schwächsten in den OECD-Staaten (0,6 Prozent); in den mittel- und osteuropäischen Ländern einschließlich der UdSSR soll die Rohölnachfrage um 1,8 Prozent pro Jahr ansteigen. Dies würde bedeuten, daß in den nächsten 15 Jahren der Erdölverbrauch der Entwicklungsländer von zur Zeit etwa 18 mbd auf über 29 mbd wachsen würde, während der Ölverbrauch der OECD-Staaten nur von 37,6 auf 41,5 mbd zunähme.[4]

Wer soll und wer kann diese zusätzliche Erdölnachfrage decken? Nach Angaben der IEA wurden im Jahr 1990 weltweit im Tagesdurchschnitt rund 66 Millionen Barrel Erdöl verbraucht, im Jahre 2005 sollen es 85 mbd sein. Die OPEC-Staaten haben 1990 etwa 25 mbd gefördert; ihr Anteil am Welt-Ölmarkt lag damit wiederum bei 37 Prozent. Die IEA erwartet, daß die Rohölproduktion der OECD-Staaten in den neunziger Jahren weiter rückläufig sein und infolgedessen ihr Importbedarf weiter steigen wird. Die Nicht-OPEC-Entwicklungsländer werden mehr Öl verbrauchen als sie zusätzlich fördern werden, auch ihr Importbedarf wird steigen.

Schließlich könnte in den nächsten Jahren der größte Ölproduzent der Welt, die Sowjetunion, aufgrund ökonomischer und innenpolitischer sowie insbesondere technischer Probleme mit den Ölförderanlagen als Anbieter auf dem Welt-Ölmarkt ausfallen; die zusätzliche Ölnachfrage wird nicht durch sowjetisches Öl gedeckt werden können.[5] Die wachsende

---

ter. Eine Studie der Esso AG, in: FAZ, 7.1.1991; und: Energy agency sees '91 oil consumption rise, in: IHT, 6.2.1991.

[4] Diese Prognose hat die IEA in ihrem Jahresbericht 1990 veröffentlicht. Vgl.: IEA, Energy policies of IEA countries. 1990 Review, Paris 1991, besonders Kapitel VIII: World energy outlook to 2005. Siehe hierzu: Entwicklungsländer treiben Energieverbrauch hoch. Internationale Energieagentur: Bis zum Jahr 2005 Anstieg um 40 Prozent, in: SZ, 3.6.1991; und: Jahresbericht der Internationalen Energieagentur (IEA): Anhaltende Verlagerungen im Weltenergiekonsum, in: NZZ, 4.6.1991.

[5] So wurde bereits für das Jahr 1991 eine Halbierung der sowjetischen Ölexporte erwartet. Siehe hierzu: Soviets expect plunge in oil exports, in: IHT, 27.11.1990; und:

Lücke zwischen steigendem Ölverbrauch und sinkender Ölproduktion wird deshalb nur von den OPEC-Staaten ausgeglichen werden könne und hier insbesondere von einigen wenigen Ölstaaten im Mittleren Osten.[6] So geht die IEA in ihrer Prognose davon aus, daß die Ölförderung im Mittleren Osten von 17 auf über 32 mbd im Jahre 2005 gesteigert wird, also nahezu eine Verdoppelung. Gleichzeitig unterstellt die IEA eine nahezu konstante Ölproduktion in Osteuropa und der Sowjetunion von 11-12 mbd. Angesichts der Entwicklungen in der Sowjetunion ist dies eine sehr optimistische Annahme. Jede Reduzierung der sowjetischen Ölexporte könnte wiederum nur von den Ölstaaten des Mittleren Ostens ausgeglichen werden, weil nur diese Region zusätzliche Förderkapazitäten und Ölreserven hat.

Die Abhängigkeit der westlichen Industriestaaten von Ölimporten aus den OPEC-Staaten des Mittleren Ostens wird in den neunziger Jahren wesentlich zunehmen: sie besitzen 70 Prozent der sicheren Welt-Ölreserven; sie haben freie Ölkapazitäten und können ihre Ölförderung ausweiten; schon Mitte der neunziger Jahre sollen allein 85 Prozent der Weltölexporte aus nur fünf Staaten dieser Region kommen, nämlich Iran, Irak, Kuwait, die VAE und Saudi-Arabien.[7] Die erkennbaren Entwicklungen laufen darauf hinaus, daß die OPEC Ende der neunziger Jahre wieder - wie dies bis zur zweiten Energiekrise der Fall war - mehr als die Hälfte der Weltölproduktion fördern wird.[8] Die politische Verhandlungsmacht der OPEC würde dementsprechend zunehmen.

---

[6] Schrumpfende sowjetische Energieproduktion, in: NZZ, 4.4.1991; und: Michael Richardson, Soviet slump expected to fortify OPEC's position, in: IHT, 15.5.1991.

Dies ist auch die Grundthese der Studie von Adam Seymour, nämlich: Höhere Ölpreise werden in der Zukunft keine außergewöhnliche Steigerung der Nicht-OPEC-Ölproduktion bewirken, weil hierfür die Voraussetzung fehlt, und zwar das Vorhandensein großer, bekannter und bislang ungenutzter Ölfelder. Siehe hierzu: Adam Seymour, The oil price and non-OPEC supplies (Oxford Institute for Energy Studies) Oxford 1990.

[7] Siehe hierzu: Zunehmende Abhängigkeit von der Golfregion. 70 Prozent der Vorräte an Erdöl, in: FAZ, 29.1.1991; und: "Neue Energiekrise in einigen Jahren", in: SZ, 27.3.1991. Saudi-Arabien ist bereits der größte Ölexporteur der Welt und besitzt mehr als 30 Prozent der nachgewiesenen Erdölreserven der Welt; ein neues erst im Herbst 1990 entdecktes Ölfeld könnte die saudischen Ölreserven um weitere 20 Prozent steigern. Siehe hierzu: Thomas W. Lippmann, Saudis come up with major oil find, in: WP, 15.10.1990.

[8] So sieht es auch die OPEC, die bei steigender Ölnachfrage davon ausgeht, daß in den neunziger Jahren die Nicht-OPEC-Ölförderung sinken wird, so daß zur Deckung der

Eine Ölabhängigkeit in solch einem Ausmaße von nur wenigen Staaten im Mittleren Osten stellt für die westlichen Industriestaaten eine ernsthafte Herausforderung dar, weil Erdöl für sie ein besonders wichtiger Rohstoff ist - wie die Ölpreiskrise vom Herbst 1990 wiederum zeigte - und Erdöleinfuhren aus der Golfregion mit hohen politischen Risiken verbunden sind. Sie müssen sich deshalb aufbauend auf den Erfahrungen aus den siebziger und achtziger Jahren dafür einsetzen, daß Kooperation und nicht Konfrontation die Beziehungen zu den OPEC-Staaten und insbesondere zu den Ölstaaten im Mittleren Osten bestimmt.[9]

Die Ölversorgung der Industriestaaten wird jedoch auch in Zukunft aufgrund politischer Risiken gefährdet bleiben. Dies gilt insbesondere für die Ölversorgung aus dem Mittleren Osten. Eine Vielzahl miteinander verwobener politischer, ökonomischer, sozialer, historischer, kultureller und religiöser Konflikte läßt diese Region nicht zur Ruhe kommen. Die Kuwait-Krise hat daran nichts geändert. So haben nicht nur alle Regime der Region einschließlich Saddam Hussein überlebt, sondern innenpolitische Konflikte brachen auf und führten zu einer weiteren Destabilisierung in einigen Staaten.[10]

Menschenrechte, Demokratisierung und Verteilung des Ölreichtums sind bislang ungelöste Fragenkomplexe für die gesamte Region.[11] Dabei gilt es

---

Nachfragelücke die OPEC-Förderung bis zum Jahre 2000 von 24 auf dann mehr als 31 mbd gesteigert werden müsse. Damit ist jedoch die gegenwärtige OPEC-Förderkapazität weit überschritten. Siehe hierzu die Angaben des OPEC-Generalsekretärs Dr. Subroto, OPEC'S role as an oil supplier in the 1990s, in: OPEC Bulletin, March 1991, S.5-8; und: ders., The prospects for the oil market - an OPEC view, in: OPEC Bulletin, April 1991, S.4-8.

[9] Hierzu schreibt Daniel Yergin: "Yet out of the tumult of the 1970s and 1980s, important lessons had emerged. Consumers had learned that they could not regard oil, the fundament of their lives, so easily as a given. Producers had learned that they could not take their markets and customers for granted. The result was a priority of economics over politics, an emphasis on cooperation over confrontation, or at least so it appeared." Daniel Yergin, The Prize, a.a.O., S.768.

[10] Siehe hierzu zum Beispiel: Wolfgang Köhler, Keine Liberalisierung nach dem Golfkrieg. Enthauptungen in Saudi-Arabien, Todesurteile in Kuwait und im Irak, in: FAZ, 22.6.1991; und: Heiko Flottau, Die arabische Welt nach dem Golfkrieg: Einheit in weiter Ferne. Schwüre, an die sich niemand erinnern will, in: SZ, 24.5.1991.

[11] Auf die Problematik Menschenrechte und Demokratisierung machte Arthur Schlesinger bereits im Herbst 1990 in aller Deutlichkeit aufmerksam, als er das amerikanische Engagement im Golf kritisierte: "We are plainly not in the Gulf to defend democracy and human rights. ... The defense of these medieval despotisms is surely not

zu unterscheiden zwischen den ölreichen und bevölkerungsarmen Staaten, wie Kuwait, die VAE und Saudi-Arabien, den bevölkerungs- und ölreichen Staaten, wie Iran und Irak sowie den bevölkerungsreichen und ölarmen Staaten, wie etwa Ägypten und Syrien. Von einer gemeinsamen Interessenlage kann oftmals nicht gesprochen werden. Zwischenstaatliche und innenpolitische Konflikte müssen deshalb auch für die neunziger Jahre erwartet werden.[12] Jede Krise im Mittleren Osten stellt eine Gefährdung der Ölversorgung der Industriestaaten dar - sei es nun eine Revolution wie im Falle des Iran, sei es eine Invasion, ein Krieg oder seien es Terroranschläge nach dem Muster des irakischen Ölterrors.

Angesichts der aufgezeigten Entwicklungen im Hinblick auf die Abhängigkeit der Industriestaaten von der Ölversorung aus dem Mittleren Osten sowie den zahlreichen politischen Risiken, die mit dieser Ölabhängigkeit zusammenhängen, müssen die Industriestaaten sich um eine kooperative Zusammenarbeit mit den ölreichen Golfstaaten bemühen, wenn sie eine dritte Energiekrise vermeiden möchten. Ölverbraucher und Ölproduzenten sind voneinander abhängig geworden. Diese Interdependenz kann als Grundlage für eine gemeinsame Zukunft dienen. Nicht Konfrontation, sondern Kooperation muß die Devise der neunziger Jahre sein. Hierzu schreibt der amerikanische Ölexperte Edward Morse: "We are entering a new political era in oil matters that requires international cooperation not only in maintaining political stability but also in sustaining tighter ties between oil-producing and oil-importing countries."[13]

Auch in Zukunft bleiben die Gefahren bestehen, die einen stabilen Ölpreis zumindest fraglich erscheinen lassen. Hierbei gilt es, erstens die wachsende Konzentration der Ölproduktion auf nur wenige OPEC-Staaten im Mittleren Osten, zweitens die zunehmende Ölnachfrage und drit-

---

worth the life of a single American." Siehe: Arthur Schlesinger Jr., Gamble in the Gulf, in: WSJ, 2.10.1990.

[12] So lehnt James Atkins ein "idealized picture of generous Gulf Arabs using their riches to transform the Arab world" als utopisch ab. Die Konflikte werden bleiben, der Mittlere Osten bleibt eine unruhige Region. Siehe: James E. Atkins, The New Arabia, in: FA, Summer 1991.

[13] Edward L. Morse, The Coming Oil Revolution, in: FA, Winter 1990/91, S.36-56, hier: S.37.

tens jederzeit mögliche politische Krisen in der Golfregion zu berücksichtigen.

Beide Seiten, Ölproduzenten und Verbraucherstaaten, haben gute Gründe, sich gemeinsam für eine Stabilisierung des Ölpreises einzusetzen, denn kurzfristige extreme Preisausschläge schaden Ölanbieter und Ölnachfrager - dies ist die Erfahrung der siebziger und achtziger Jahre. Vor allem in drei Bereichen sollten die Industriestaaten verstärkte Anstrengungen unternehmen, um die dritte Energiekrise zu vermeiden.

Zum einen gilt es, wie bereits erwähnt, die strategischen Ölreserven auszubauen und sie nicht nur bei "real physical shortages", sondern vielmehr im Falle von 'Ölpreiskrisen' einzusetzen.[14] Solche Krisen haben ihre Ursache nicht in einer Verknappung des Ölangebots, stattdessen treiben Unsicherheit, Spekulation, Lageraufbau und andere eher psychologische Faktoren den Ölpreis nach oben. Dies geschah nach der irakischen Invasion Kuwaits. Mit vergrößerten strategischen Ölreserven können und sollten die Ölpreise nicht auf einem festen Preisniveau stabilisiert werden, aber extreme Preisausschläge könnten und sollten vermieden werden. So würden die strategischen Ölreserven in Krisenzeiten als zusätzliches Ölangebot eingesetzt, um den Käufern eine gesicherte Ölversorgung zu gewährleisten und um Panik zu vermeiden.[15]

Zweitens sollten die Industriestaaten mit den OPEC-Staaten in einen Dialog eintreten, um über die Rahmenbedingungen und die Instrumente für eine Stabilisierung des Ölpreises zu sprechen. Dabei sollte die Beteiligung der OPEC-Staaten an den strategischen Ölreserven ebenso auf der Tagesordnung stehen wie die mittelfristige Ausweitung der Ölförderkapa-

---

[14] Zur Ermittlung einer Ölpreiskrise schlägt Phil Verleger das Konzept einer 'backwardation' vor. Danach ist eine Krisenlage dann gegeben, wenn "forward oil prices are lower than spot prices". Als Indikator für den Einsatz der strategischen Ölreserven schlägt er einen Preisunterschied von fünf Dollar vor. Siehe: Philip Verleger, Understanding the 1990 oil crisis, a.a.O., S.4f. und S.28.

[15] Hierzu schreibt der amerikanische Ölexperte Adelman: "Prevention of precautionary and speculative overbuying will prevent panic and prevent or moderate price increases in oil markets, just as the Federal Reserve System prevents panic in money markets." M.A. Adelman, Oil Fallacies, a.a.O., S.13.

zitäten der OPEC einerseits und die energiepolitischen Rahmenplanungen für die Ölnachfrage der Industriestaaten andererseits.[16]

Schließlich sollten die Industriestaaten der Sowjetunion helfen, die Ölförderanlagen zu reparieren und die Förderkapazitäten auszubauen. Dies ist eine gute Sache für beide Seiten: Für die Sowjetunion stellen die Ölexporte die wichtigste Einnahmequelle für Devisen dar. Ein Ausbau ist möglich, denn die Sowjetunion ist der größte Ölproduzent der Welt und hat riesige Ölreserven. Benötigt werden Ersatzteile, westliche Technologie und vielleicht auch eine Übergangsfinanzierung. Für die Verbraucherstaaten liegen die Vorteile auf der Hand: Eine Stabilisierung und Erhöhung der sowjetischen Ölexporte führt zu einer Beruhigung auf den Ölmärkten und trägt zu einer Stabilisierung der Ölpreise bei.

Als energiepolitisches Fazit der Kuwait-Krise kann festgehalten werden, daß Saddam Hussein die westlichen Industriestaaten aus ihrer Öllethargie geweckt hat, ihnen die Problematik ihrer Ölabhängigkeit und damit ihrer Energiesicherheit deutlich machte und ihnen die Gefahren einer dritten Energiekrise vor Augen führte. Arabisches Öl ist zum Dauerproblem geworden. Die im Rahmen der Kuwait-Krise sichtbar gewordenen gemeinsamen Interessen mit den OPEC-Staaten im Mittleren Osten sollten als Grundlage für eine ölpolitische Zusammenarbeit zwischen den wichtigen Ölproduzenten und den großen Ölverbrauchern genutzt werden.

---

[16] Japan akzeptiert die stärker werdende Interdependenz zwischen Ölförder- und Ölverbraucherstaaten und bemüht sich seit dem Ende des Kuwait-Krieges verstärkt um eine Ausweitung und Verbesserung seiner Beziehungen zu den Ölstaaten des Mittleren Ostens. Die USA sind demgegenüber viel zurückhaltender und versuchen, diese Entwicklungen im Hinblick auf eine engere Kooperation zwischen Ölverbrauchern und Ölproduzenten zu verzögern. Die USA haben 1990 über 13 Prozent ihrer Ölimporte aus arabischen OPEC-Staaten bezogen, im Jahre 1973 waren es nur 5,3 Prozent. Hierzu stellt der Ölexperte vom East-West Center in Honolulu, Fereidun Fesharaki, fest: "Japan has accepted its inevitable dependence on the Middle East, the U.S. is looking for every possible way to delay this development." Zitiert in: Michael Richardson, U.S. and East Asian nations split over energy strategies, in: IHT, 14.5.1991; und: Matthew L. Wald, Some fear for U.S. energy security, in: IHT, 19.6.1991.

Eine dritte Energiekrise kann vermieden werden, allerdings nur, wenn jetzt gehandelt wird und die richtigen energiepolitischen Lehren aus der Kuwait-Krise gezogen werden. Zuwarten bedeutet in diesem Falle, die jetzt aufgetanen Chancen zu verspielen. Fallen die Industriestaaten in ihre Öllethargie zurück, dann könnte sich die Kuwait-Krise doch als Prolog der dritten Energiekrise herausstellen.

AUTOR

Bernhard May, Dr.rer.pol.; Dipl.-Volkswirt; 1952; Studium der Volkswirtschaftslehre und der Politischen Wissenschaft in Mannheim, Köln und Pennsylvania State University (USA). Promotion an der Universität zu Köln (1981). 1978-1987 Assistent und Wissenschaftlicher Mitarbeiter an der Universität zu Köln. Seit 1987 Wissenschaftlicher Mitarbeiter im Forschungsinstitut. Lehrbeauftragter an der Universität zu Köln (Internationale Politik).

1983-1986 Durchführung eines Forschungsprojektes über die amerikanische Entwicklungspolitik unter Präsident Ronald Reagan. Im Rahmen des Forschungsprojektes von 1983-1985 als Guest Scholar bei The Brookings Institution in Washington, D.C. Von Februar bis Juli 1986 als Krupp Senior Associate beim Institute for East-West Security Studies in New York zur Bearbeitung eines Projektes über neue Entwicklungen in den Beziehungen zwischen der EG und dem RGW. 1986-1988 Durchführung eines DFG-Projektes zur neuen Entwicklungspolitik Japans. Von Februar bis Juni 1987 als Research Fellow beim Japan Center for International Exchange in Tokio. Von September 1988 bis Mai 1989 Bearbeitung eines von der Robert Bosch Stiftung geförderten Projektes zur wirtschaftlichen Abhängigkeit der USA vom Mittleren Osten. Im April und Mai 1990 Guest Scholar beim East-West Center in Honolulu, Hawaii, zur Diskussion und Ausarbeitung von Materialien zur Rolle Japans und der USA in einem sich wandelnden Ost-Asien. Seit Juni 1990 Bearbeitung eines vom German Marshall Fund geförderten Projektes zu den politischen und ökonomischen Herausforderungen der neuen amerikanischen Außenwirtschaftspolitik.